Illustration de couverture : Le grand escalier de l'Opéra de Paris.

LES HAUTS LIEUX DE L'OPÉRA

Collection dirigée par
Alain Duault

en collaboration avec
Agnès de Gorter

L'OPÉRA
DE PARIS

Alain Duault

L'OPÉRA DE PARIS

Sand

A Paris 2ᵉ, rue du Mail, nº 6

Remerciements

à *Catherine-Marie Heuls pour son précieux concours à la réunion de la documentation et de l'iconographie,*

à *Agnès de Gorter pour ses conseils avisés dans la relecture du manuscrit.*

A.D.

Documentation et iconographie : Catherine-Marie Heuls

I.S.B.N. 2-7107-0449-8

Première partie

L'OPÉRA DE PARIS,
UNE HISTOIRE

Chapitre Premier

1659-1874 : les tribulations
d'un théâtre en quête de salle

Tout commence le 5 janvier 1875. Ou le 29 septembre 1860 quand la construction d'une nouvelle salle d'Opéra, boulevard des Capucines, est « officiellement » déclarée « d'utilité publique ». Ou encore en avril 1659, au château d'Issy, près de Paris. A cette époque, on prise beaucoup les spectacles de Cour, divertissements et autres ballets dominés par des troupes italiennes attirées en France par le cardinal de Mazarin, et le public parisien est particulièrement friand des répétitions de ces comédies divertissantes données à la salle du Petit-Bourbon.

L'abbé Perrin, introducteur des ambassadeurs auprès de Gaston d'Orléans, s'associant au sieur Cambert, surintendant de la Musique d'Anne d'Autriche et, de plus, organiste de Saint-Honoré, décide alors de profiter de cette bonne disposition du public à l'égard de l'art lyrique pour tenter l'essai d'un opéra, d'une « comédie françoise en musique ». Perrin écrit donc une pastorale en cinq actes et un prologue dont Cambert compose la musique. Les deux compères, soucieux de conserver leur réputation d'« honnêtes hommes », préfèrent ne pas risquer la première à Paris. L'idéal consisterait à se faire représenter à quelque distance de la capitale et d'y venir ensuite en cas de succès.

Le sieur de la Haye, fort riche et épris de Beaux-Arts, est approché : il possède l'hôtel Lambert à Paris

et aussi une grande propriété à Issy ; le sieur s'enthousiasme pour le projet et c'est donc ainsi qu'en avril
1659 le premier embryon d'opéra en langue française
est joué à Issy avec un réel succès et de nombreux
échos, Saint-Évremont remarquant même dans la
partition « des concerts de flûtes, ce qu'on n'avait pas
encore entendu sur aucun théâtre depuis les Grecs et
les Romains ! »

Bientôt le théâtre de verdure où se joue la pastorale
de Perrin et Cambert devient un lieu à la mode : on
en parle dans les salons ; Loret, un gazetier de
l'époque écrit même en ces termes à Mademoiselle de
Longueville :

> « *J'allai l'autre jour à Issy,*
> *Village peu distant de Paris,*
> *Pour ouïr chanter en musique*
> *Une pastorale comique.*
> *[...]*
> *L'auteur de cette pastorale,*
> *C'est Monsieur Perrin qu'on le nomme,*
> *Très sage et savant gentilhomme,*
> *Et qui fait aussi bien des vers,*
> *Qu'aucun autre de l'Univers,*
> *Cambert, maître par excellence*
> *En la musicale science,*
> *A fait l'ut, ré, mi, fa, sol, la*
> *De cette pièce rare là...* »

Et « cette pièce rare là » fait tant de bruit que le roi
Louis XIV désire à son tour l'entendre. La pastorale
se transporte donc d'Issy au château de Vincennes
qui est alors la résidence de la Cour. On ajoute une
tirade qu'une jolie bergère dédie à Sa Majesté. Et le
roi goûte fort le spectacle.

Mais les Italiens, conscients du danger, font alors
venir à Paris une nouvelle troupe qui enthousiasme
le public avec un opéra de style nouveau, *Ercole
Amante* (*Hercule amoureux*), de Cavalli. Sa mise en
scène spectaculaire fait quelque tort à la pastorale un
peu trop rustique de Perrin et Cambert.

Qu'à cela ne tienne! Les deux compères s'attellent à une *Ariane* mais rencontrent quelques difficultés à la faire jouer. Outre les problèmes de concurrence italienne et de financement, il faut, surtout, pour dépasser le cercle de la Cour et des nobles invités, bénéficier d'une licence qui autorise à jouer en public: c'est ce «privilège» royal qui est conféré à Perrin le 28 juin 1669, lui donnant la permission d'«établir par tout le royaume des académies d'opéra ou représentations en musique en langue française». L'opéra est ainsi «titularisé» officiellement en tant qu'institution d'État.

On constitue une troupe avec les meilleurs chanteurs et danseurs de l'époque. On choisit le maître à danser du roi comme chorégraphe et la mise en scène est confiée au marquis de Sourdéac qui a monté en 1660 *La Toison d'Or* de Corneille. Il ne manque plus qu'une salle: on la déniche, rue Mazarine, face à la rue Guénégaud; c'est le jeu de paume de la Bouteille. Il ne reste plus aujourd'hui, de ce qui fut le «premier Opéra de Paris», que les murs intérieurs du numéro 42 de la rue Mazarine...

A leur *Ariane* (représentée une seule fois à l'hôtel de Nevers) Perrin et Cambert ont substitué *Pomone* pour l'inauguration qui a lieu le 19 mars 1671. Le

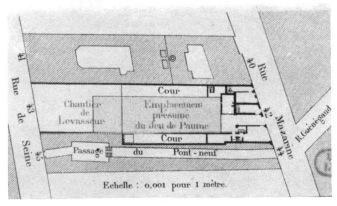

La première salle de l'Opéra: le jeu de paume de la Bouteille (1670-1672).

succès est immense, l'argent rentre à flots — comme les dissensions, entre les maîtres d'œuvre, Perrin, Cambert et Sourdéac. Un second opéra, *Des Peines et des Plaisirs de l'Amour*, sonne le glas du triumvirat et de la salle du jeu de paume de la Bouteille. Perrin cède alors son « privilège » à Lully qui obtient du roi qu'il en élargisse les conditions, le théâtre devenant officiellement en mars 1672 l'Académie royale de Musique. Mais Lully, craignant de subir les exigences de Sourdéac décide d'exploiter son privilège dans une autre salle. Et c'est ainsi qu'un ordre du roi fait fermer le 30 mars 1672 le théâtre de la rue Mazarine, premier Opéra de Paris...

Lully reprend donc la troupe de Perrin et Cambert, y adjoint ses élèves et s'installe dans une nouvelle salle de jeu de paume, celle du Bel Air, rue de Vaugirard, près du Palais du Luxembourg. L'inauguration a lieu le 15 novembre 1672 avec les *Festes de l'Amour et de Bacchus*, sorte de « patchwork » de différents fragments que Lully avait déjà fait exécuter avec succès.

Mais c'est surtout quelques mois après, avec *Cadmus et Hermione*, sur un livret de Quinault, que Lully fait courir tout Paris — le roi lui-même, le

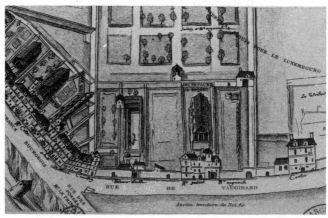

Le jeu de paume du Becquet, dit aussi du Bel Air (1672-1673).

27 avril 1673 — comme le rapporte *La Gazette de France* :

« Sa Majesté, accompagnée de Mademoiselle et de Mademoiselle d'Orléans alla au faubourg Saint-Germain, prendre le divertissement de l'Opéra, à l'Académie royale de musique établie par le sieur Baptiste Lully, si célèbre en cet art ; et la compagnie sortit extraordinairement satisfaite de ce superbe spectacle, où la tragédie de *Cadmus et Hermione*, fort bel ouvrage du sieur Quinault, est représentée avec des machines et des décorations surprenantes dont on doit l'invention et la conduite au sieur Vigarani, gentilhomme modénois. »

Tant et si bien d'ailleurs que le théâtre s'avère vite trop petit... et que Lully songe déjà à déménager ! Il se trouve que Molière, dont la troupe occupait la prestigieuse salle du Palais-Royal, est mort le 16 février 1673 : Lully, son ancien collaborateur, fort des marques de faveur prodiguées par le roi, demande donc à s'y installer. Le roi accepte et Lully obtient ainsi une très belle et vaste salle... sans bourse délier puisque c'est l'État qui est propriétaire des bâtiments.

En mai 1673, le Théâtre du Palais-Royal est ainsi intronisé dans sa fonction d'Opéra avec *Cadmus et Hermione*, le succès d'alors.

De cette date, jusqu'à sa mort en 1687, Lully va régner sur le théâtre lyrique en France. Il le développera — tout en empêchant quiconque de rivaliser avec lui — et n'hésitera pas à introduire des évolutions, voire même, en 1681, une manière de révolution : pour la première fois la participation de femmes pour les intermèdes chorégraphiques (jusque-là les rôles de femmes étaient dansés par des travestis).

Mais Lully a si bien fait pour éliminer la concurrence... qu'à sa mort, nul n'est en mesure de reprendre le flambeau. Ses fils tentent bien de faire jouer deux opéras, *Orphée* et *Alcide*, en espérant bénéficier du rayonnement conféré à leurs œuvres par leur illustre nom. Mais l'échec est retentissant et, si les représentations ne sont pas interrompues par les

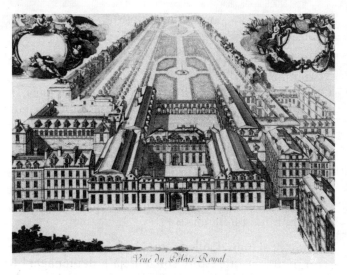

La première salle du Palais-Royal (1673-1763).

sifflets, c'est que la police royale veille et que, par prudence, elle a interdit le sifflet ce soir-là à l'Opéra! Ce qui provoquera dans les jours suivants la floraison de quelques libelles de ce genre :

> « *Le sifflet défendu! Quelle horrible injustice!*
> *Quoi donc impunément un poète novice,*
> *Un musicien fade, un danseur éclopé*
> *Attraperont l'argent de tout Paris dupé*
> *Et je ne pourrai pas contenter mon caprice;*
> *Ah! si je siffle à tort, je veux qu'on me punisse*
> *Mais siffler à propos ne fut jamais un vice,*
> *Non, non, je sifflerai, on ne m'a pas coupé*
> *Le sifflet.* »

Il faudra attendre une vingtaine d'années pour qu'apparaissent de nouveaux compositeurs d'opéra dignes de ce nom. En 1706, on peut entendre, à l'Opéra, l'*Alcyone* de Marin Marais où pour la première fois les contrebasses font partie de l'orchestre, chargées d'imiter le bruit de la tempête : l'effet, dit-on, est très grand sur le public.

L'Opéra joue alors trois fois par semaine, en deux saisons, une saison d'hiver et une d'été. Malgré ce rythme régulier et quelques représentations à grand succès, l'Opéra, déjà, se couvre de dettes. Le Régent autorise le 30 décembre 1715 l'organisation de bals masqués à l'Opéra, dans le but de renflouer quelque peu les caisses. Le succès est immédiat et couronne le premier bal donné le 2 janvier 1716. Il sera suivi de beaucoup d'autres, de plus en plus animés, colorés, libertins aussi. Mais qu'importe ce que les ombres des chandeliers dissimulent : l'Opéra brille de tous ses feux. En outre, les bénéfices des bals permettent entre-temps de continuer à monter quelques opéras — ceux de Rameau, par exemple, qui bouleverse un peu la tradition musicale française et qui est considéré comme un abominable avant-gardiste intellectuel, cérébral et inaudible. Les partisans de Rameau se heurtent aux tenants de la Tradition, incarnée par l'ombre tutélaire de Lully ; on s'invective à coups d'épigrammes ; Rameau est ainsi apostrophé :

> « *Si le difficile est le Beau,*
> *C'est un grand homme que Rameau.*
> *Mais si le Beau, par aventure,*
> *N'était que la simple Nature,*
> *Le petit homme que Rameau.* »

Cependant la lutte va tourner court avec l'irruption d'un troisième larron, Pergolèse, dont *La Serva Padrona* (*La Servante Maîtresse*) présentée à Paris le 2 août 1752 remporte un très vif succès... et engendre la fameuse « guerre des Bouffons ». Les anti-Rameau ont maintenant un auteur contemporain à lui opposer. La Cour et la noblesse sont plutôt ramistes, les esprits éclairés, Rousseau, Diderot, Grimm, se retrouvent dans le camp adverse. La lutte épistolaire reprend de plus belle. Fin 1752, Rousseau passe à l'acte en donnant sa bergerie lyrique *Le Devin du Village*. Puis, en 1753, Louis XV, inquiet de voir cette lutte intellectuelle dégénérer, renvoie les Bouffons en Italie...

L'art lyrique n'en continue pas moins d'attiser les plaisirs des Parisiens : ainsi, en 1763, soit quatre-vingt-dix ans après son ouverture, l'Opéra du Palais-Royal a vu palpiter les spectateurs devant quelque deux cent trente-trois ouvrages différents, signés Lully, Campra, Rameau et autres... Mais le 6 avril 1763... la troisième salle de l'Opéra de Paris sombre dans les flammes : ce ne sera pas la dernière.

En attendant qu'on reconstruise un nouveau théâtre, il faut trouver un refuge à l'Académie royale de Musique : la salle des machines du Palais des Tuileries fait l'affaire ; elle est de dimensions telles (elle peut accueillir 7 000 spectateurs !) que Soufflot et Gabriel, architectes de ce nouvel Opéra, décident de n'utiliser que la scène pour en faire tout le théâtre !

Notons au passage que c'est dans cette salle des Tuileries qu'ont trouvé naissance les termes « côté cour » et « côté jardin » utilisés depuis dans le langage des théâtres, le spectateur regardant alors la scène ayant à sa droite la cour des Tuileries et à sa gauche le jardin...

Cette quatrième salle de l'Opéra de Paris ouvre le 5 janvier 1764 avec *Castor et Pollux* de Rameau, qui fera les beaux jours de l'Académie royale pendant six années, ajoutant à son répertoire traditionnel nombre de créations de Dauvergne, Monsigny ou Berton.

Le Palais des Tuileries : salle des machines (1764-1770).

Pendant ce temps, on s'est activé à reconstruire un nouvel Opéra au Palais-Royal et, le 23 janvier 1770, la salle des Tuileries est abandonnée : la troupe de l'Opéra se retrouve dans cette salle toute neuve, la première construite spécialement pour l'opéra. La nouvelle salle est très moderne, vaste, bien agencée et circulaire, à l'inverse des anciennes qui devaient leur forme rectangulaire à leur fonction de jeu de paume. Elle a coûté quelque 2 381 553 livres, somme considérable mais qui, de l'avis des contemporains, est justifiée par la magnificence des lieux et leur réussite technique. Dans ce nouveau théâtre, on a prévu aussi des réservoirs d'eau en cas d'incendie !

Et puisque la salle est placée sous le signe du modernisme, le roi, dans ce même esprit, décide d'y obliger les nobles à payer leur place (prix des places doublés les soirs de première et quadruplés quand le roi assiste au spectacle !), à retirer leurs chapeaux durant le spectacle et à ranger leurs carrosses non plus dans un ordre hiérarchique, ce qui ne facilitait guère la circulation, mais dans l'ordre d'arrivée : c'est une révolution !

Le 24 janvier 1770, la nouvelle salle du Palais-Royal est donc inaugurée avec un nouvel opéra de Rameau, *Zoroastre*. C'est aussi dans cette salle que le 11 décembre 1770 est donné pour la première fois à l'Opéra un ballet-pantomime qui remplace le traditionnel opéra-ballet. Et c'est surtout là qu'en 1774, Gluck, arrivant en France, fait représenter ses drames lyriques qui vont considérablement modifier l'esthétique du répertoire d'opéra, tant dans la volonté d'une réelle concordance dramatique entre la musique et le texte que dans les exigences musicales elles mêmes.

Depuis la mort de Lully en effet, un laisser-aller général a envahi les habitudes de l'orchestre : ainsi l'hiver, les violonistes ont pris l'habitude de jouer avec des gants, d'où les errements qu'on peut aisément imaginer sur le plan de la justesse et de la netteté des attaques ! Gluck entreprend donc de faire

La deuxième salle du Palais-Royal (1770-1781).

travailler très sérieusement la technique aux musiciens. Quand, le 19 avril 1774, il présente son *Iphigénie en Aulide*, le succès est complet. Le 2 août de la même année, *Orphée* qu'il a repris de son *Orfeo* remporte les suffrages même des plus exigeants, dont Rousseau qui fait l'éloge de cette nouvelle conception lyrique en termes très enthousiastes. Le 23 avril 1776, *Alceste* triomphe à son tour, consacrant le nouvel éclat de l'Opéra de Paris.

Mais les succès attirent immanquablement les inimitiés et les intrigues. Elles ne vont pas être épargnées à Gluck qui voit bientôt sa suprématie contestée par un rival italien, Piccinni: la lutte entre la musique française et la musique italienne reprend. L'Opéra ne désemplit pas: un soir on va écouter l'Italien, l'autre soir le Français, les épigrammes pleuvent, tel celui-ci, de l'abbé Arnaud, gluckiste fervent qui évoque Marmontel, le librettiste de Piccinni:

> « Ce pédant à si triste mine,
> Et de ridicule bardé,
> Dit qu'il a le secret des beaux vers de Racine:
> Jamais secret ne fut si bien gardé. »

Le conciliateur Grétry a beau tenter d'expliquer que les esthétiques différentes du Français et de l'Italien répondent à deux tempéraments nationaux différents, la guerre bat son plein: à l'*Armide* de Gluck en 1777 répond le *Roland* de Piccinni en 1778, à *Écho et Narcisse* de Gluck en 1779 Piccinni riposte par *Atys* en 1780, à l'*Iphigénie en Tauride* de Gluck en 1779 Piccinni oppose son *Iphigénie en Tauride* en 1781.

Hélas, c'est encore un incendie qui va mettre un terme à cette querelle. Le vendredi 8 juin 1781, vers 20 h 30, on vient de donner *Orphée* et le ballet de *Coronis* quand Dauberval, le maître de ballet, s'aperçoit que le feu vient de prendre à l'une des toiles du cintre. Il donne rapidement des ordres pour qu'on détache cette toile. Malheureusement, les progrès de l'incendie seront plus rapides et bientôt le feu se propage à l'ensemble du cintre et des plafonds. Quand les pompiers arrivent, tout secours est devenu inutile. La charpente s'écroule en flammes. Parmi les danseurs et machinistes, quatorze personnes ne pourront se sauver à temps et périront au milieu du brasier. Quant aux fameux réservoirs, on les retrouvera pleins au beau milieu des ruines!

Le Théâtre des Tuileries est à présent occupé par les Comédiens Français: donc, pas question d'y retourner. Il faut se contenter d'une petite salle dans les bâtiments des Menus-Plaisirs du Roi, rue Bergère

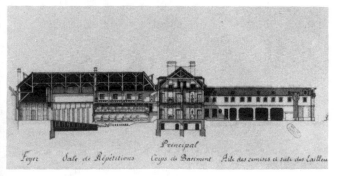

La Salle des Menus-Plaisirs (1781).

(qui se trouve aujourd'hui à l'emplacement du Conservatoire de musique). Cette nouvelle salle d'Opéra est inaugurée le 14 août 1781 avec le *Devin du Village* de Rousseau. Mais le séjour de l'Opéra aux Menus-Plaisirs sera de courte durée car la reine Marie-Antoinette a promis à l'architecte Lenoir le cordon de Saint-Michel et une pension de 6 000 livres s'il construisait la nouvelle salle « dans les plus brefs délais ». On travaille donc de jour et de nuit ; trois mois après la pose de la première pierre, l'Opéra est construit !

C'est une salle *provisoire* ainsi qu'on en a convenu, mais l'Opéra ne s'y installe pas moins dès le 27 octobre 1781 avec *Adèle de Ponthieu* de Piccinni qui suscite une affluence considérable. Cette Salle de la porte Saint-Martin verra plusieurs saisons brillantes et abritera nombre de créations de Piccinni, Sacchini, Salieri, Gossec, Grétry, Philidor, Cherubini... Mais l'Opéra continue à s'endetter. Pour pallier l'hémorragie financière, on y donne des « après-soupers », sortes de fêtes musicales qui transforment l'Opéra en « boîte de nuit » très à la mode ; on inaugure aussi les répétitions payantes.

*La Salle de la porte Saint-Martin
(1781-1794).*

1789 arrive: le spectacle est dans la rue. Le 14 juillet au matin, dit-on, le directeur de l'Opéra a ouvert son magasin d'armes à la foule qui s'en va prendre la Bastille. A en croire la petite histoire, ce sont les sabres et les lances d'*Horace* ou d'*Iphigénie* qui ont servi à donner l'assaut à la forteresse...

Le 21 juillet, l'Opéra donne une soirée au profit des blessés de la Bastille: on joue *Le Devin du Village* et pendant le spectacle on fait une quête. La reine envoie 720 livres et le comte d'Artois 1 000 livres... En 1791, les théâtres aussi deviennent libres et cette abolition des privilèges en accorde un aux chanteurs et aux danseurs qui à dater de ce jour auront le droit d'avoir leur nom sur les affiches.

A partir de 1792, l'Académie royale de Musique, devenue l'Opéra national fait succéder aux tragédies lyriques des spectacles patriotiques et autres «sansculottides», de l'*Offrande à la Liberté* au *Siège de Thionville*...

Mais la Salle de la porte Saint-Martin est provisoire et le comité de l'Opéra lorgne un vaste théâtre, rue de Richelieu — baptisée alors rue de la Loi — occupant toute l'étendue de l'actuel square Louvois, face à la Bibliothèque nationale. La citoyenne Mon-

La Salle de la rue de Richelieu, ancien théâtre Montansier (1794-1820).

tansier qui a fait construire ce Théâtre national y recueille d'éclatants succès ; son théâtre ne désemplit pas, la citoyenne s'enrichit... La convoitise s'aiguise et, en période révolutionnaire, l'envie peut trouver à se canaliser dangereusement. On accuse donc la Montansier d'avoir élevé son théâtre en face de la Bibliothèque nationale « dans le dessein d'incendier le dépôt des connaissances humaines » ! En conséquence, elle est arrêtée, incarcérée à la prison de la Petite Force, son théâtre est fermé (les acteurs et actrices devant passer au « scrutin épuratoire »)... pour rouvrir quelques mois plus tard sous l'appellation de Théâtre des Arts. Il est voué désormais à l'Opéra qui s'y installe donc le 20 thermidor, An II, c'est-à-dire le 7 août 1794. Pour l'inauguration de cette nouvelle salle, on joue un opéra de Grétry au titre de circonstance, *La Rosière républicaine*, dans la partition de laquelle apparaît pour la première fois à l'Opéra un orgue. Le point dramatique culminant réside dans la scène où un prêtre réfractaire jette sa soutane aux orties en entonnant un hymne révolutionnaire !

Le mois suivant, le 29 septembre exactement, c'est d'ailleurs un des chants révolutionnaires les plus célèbres, le *Chant du Départ* de Méhul, qui sera exécuté pour la première fois à l'Opéra. Mais la ferveur patriotique ne remplit guère les caisses, d'autant qu'à partir du 22 juin 1795 on paye sa place de théâtre en assignats (dont le cours est passé de 96 pour cent de sa valeur inscrite en 1790 à 0,29 pour cent en 1796 !). Le directeur décide donc de relancer les bals de l'Opéra, rebaptisés bien sûr bals populaires et la Salle de la rue de Richelieu poursuit cahin-caha sa carrière, voyant passer aux bals masqués rétablis à l'Opéra le Directoire avec sa cohorte d'excentriques « Incoyables » et « Meveilleuses » (que Lecoq croquera si joliment plus tard dans sa célèbre opérette *La Fille de Madame Angot*).

Le 10 octobre 1800 le premier Consul doit assister à la représentation d'*Horace* à l'Opéra. Un groupe de conspirateurs a décidé d'en profiter pour poignarder Bonaparte, mais un complice pris de remords dévoile le complot à la police. Celle-ci n'a plus qu'à cueillir les conjurés en plein Opéra. Cependant les comploteurs ne désarment pas : deux mois et demi plus tard, c'est l'attentat de la rue Saint-Nicaise. On donne ce soir-là *Die Schöpfung* (*La Création*) de Haydn. La machine infernale, placée dans une charrette, est poussée en travers de la rue, juste au moment où débouche le carrosse de Bonaparte. Pourtant le cocher parvient à éviter l'obstacle, fouette ses chevaux et l'explosion a lieu après le passage du premier Consul, faisant de nombreuses victimes dans l'escorte. Ce soir-là, Bonaparte assistera quand même au spectacle.

Plus tard, devenu Napoléon, l'Empereur accorde à l'Opéra les mêmes privilèges que Louis XIV avait accordés à Lully, obligeant de plus tous les petits théâtres à lui verser un vingtième de leur recette. C'est une période d'opulence pour l'Opéra qui, protégé par le régime, ne manque pas de lui marquer sa déférente gratitude par des spectacles de circonstance très symboliques dans lesquels Napoléon partage en égal la place d'Alexandre ou de César !...

En 1805, l'Opéra donne pour la première fois le *Don Giovanni* de Mozart, un *Don Juan* arrangé par Kalkbrenner avec ballet incorporé, transformation du trio des masques en un trio de basses, introduction d'extraits d'autres partitions de Mozart, mais peut-être moins défiguré que ne l'avait été quatre ans plus tôt par Lachnith *Die Zauberflöte* (*La Flûte enchantée*) devenue *Les Mystères d'Isis*...

La vie politique française est mouvementée à cette époque. A Napoléon succède Louis XVIII, l'Empereur revient pour les Cent-Jours et c'est à nouveau Louis XVIII. On ôte les aigles, on les réinstalle. On chante « Vive l'Empereur » puis deux jours plus tard « Vive le Roi ». Et l'on est toujours rue de Richelieu, depuis plus de vingt ans : l'Opéra qui a toujours la bougeotte va bientôt chercher un autre domicile. On en parle beaucoup, des projets d'architectes sont même déposés en 1817. Cependant le roi hésite

21

devant les dépenses à engager. On tergiverse, on hésite, on attend...

Jusqu'au 13 février 1820. Ce soir-là, le duc de Berry est poignardé à l'Opéra. Il y agonise toute la nuit jusqu'à ce que le roi, son oncle, vienne à cinq heures du matin le visiter et recueillir son dernier soupir. L'Opéra est aussitôt fermé et le roi décide de le faire raser pour édifier à sa place un monument expiatoire (qui d'ailleurs, à la suite du changement de régime, ne sera pas érigé square Louvois et se trouve aujourd'hui dans la basilique Saint-Denis).

En attendant et provisoirement, l'Opéra va se loger Salle Favart. Celle-ci, dévolue à l'Opéra-Comique, a en effet été abandonnée par sa troupe qui s'est installée Salle Feydeau. L'Opéra y trouve donc refuge du 19 avril 1820 au 11 mai 1821, reprenant son répertoire sans incident notable, édictant simplement un règlement nouveau : l'interdiction, suite aux développements de la mode, aux élégantes à la coiffure trop imposante d'occuper les places du parterre...

En mai 1821, Papillon de la Ferté, Intendant des Menus-Plaisirs de la Maison du Roi, ordonne à la troupe de l'Opéra de quitter la Salle Favart. La

La Salle Favart (1820-1821).

Le Théâtre Louvois (1821) : façade du théâtre donnant sur la rue de Louvois.

nouvelle installation, provisoire une fois de plus, se fait au Théâtre Louvois, rue de Richelieu à quelques mètres des décombres de ses anciens murs (à l'emplacement de l'actuel numéro 8 de la rue de Louvois). La salle abrite déjà le Théâtre Royal Italien — les Italiens comme on dit familièrement —, propagateur des vocalises du bel canto et singulièrement de cette nouvelle école dont Rossini est le phare. La cohabitation est d'autant plus aisée qu'elle ne dure qu'un mois : du 13 mai au 15 juin.

Nouveau déménagement dans la salle qu'on construit spécialement pour l'Opéra, rue Le Peletier (à l'angle des actuelles rue Rossini et rue Drouot). Inauguré le 16 août 1821, son architecture ne suscite guère l'enthousiasme : « Tiens, dit le railleur, il n'y a que huit muses sur cette façade : Quelle est donc celle qui manque ? — Vous ne voyez pas que c'est celle de l'architecture ! » lui répond-on. La critique vise également l'acoustique : un chroniqueur de l'époque ne rapporte-t-il pas que les portes des loges laissent pénétrer le bruit du dehors ?

Pourtant, à la suite d'un certain nombre d'améliorations, la Salle Le Peletier, toute provisoire qu'elle

La Salle Le Peletier (1821-1873).

est, va durant cinquante-deux ans abriter les destinées de l'Opéra; et ce sera l'une de ses plus brillantes
périodes, l'acoustique y étant même jugée remarquable tant par le public que par les chanteurs et les
compositeurs. Par ailleurs, cette salle va quelques
mois après son inauguration se placer à l'avant-garde
des salles de spectacle en introduisant, le 6 février
1822, l'éclairage au gaz, pour un effet scénique dans
Aladin ou la lampe merveilleuse de Nicolo Isouard.

Dix ans plus tard, le 4 décembre 1832, à l'occasion
de la création du ballet de Labarre, *La Révolte du
sérail*, le gaz servira à l'éclairage usuel des décors. La
décoration intérieure du théâtre elle-même est aussi
brillante et originale avec les couleurs de ses boiseries
or et blanc aux étages inférieurs, or et bleu jusqu'au
plafond, ses loges tendues en damas rouge et les
chapiteaux de ses colonnes dorés en plein, l'ensemble
faisant rayonner une harmonie des plus chaudes.

Mais l'importance de cette salle dans l'histoire de
l'opéra à Paris est liée à son extraordinaire floraison
artistique. C'est à la Salle Le Peletier que résonnent
les voix de Nourrit, Duprez, Levasseur, Dabadie, ou
des divas comme Falcon, Viardot ou Cinti-Damo-
reau; c'est la Salle Le Peletier qui voit triompher les
chefs-d'œuvre de Rossini, Auber, Meyerbeer, Halévy,
Donizetti; c'est à la Salle Le Peletier que sont créés
Le Siège de Corinthe, *Moïse* ou *Guillaume Tell* de

Rossini, *La Muette de Portici* d'Auber, *Robert le Diable*, *Les Huguenots*, *Le Prophète* ou *L'Africaine* de Meyerbeer, *La Juive* d'Halévy, *Les Vêpres Siciliennes* et *Don Carlos* de Verdi, *Faust* de Gounod... Mais c'est là aussi qu'en 1861 le *Tannhäuser* de Wagner fait un tel scandale que la police doit l'interdire « dans l'intérêt de l'ordre public! »...

A l'origine, on s'en souvient, la Salle Le Peletier n'était qu'un refuge provisoire; mais on a peu à peu « oublié » la décision de lancer un concours en vue de l'édification du Grand Théâtre définitif digne de la capitale. Pourtant le 14 janvier 1858, un événement va se charger de rafraîchir les mémoires. Au moment où l'empereur Napoléon III et l'impératrice arrivent à l'Opéra, leur voiture se range sous la grande marquise qui surmonte l'entrée du théâtre, trois explosions fracassent l'air, abattent les deux chevaux de l'attelage, font plus de cent cinquante victimes — tout en épargnant miraculeusement les souverains. L'Italien Orsini a manqué son coup. Pourtant ce sanglant attentat inspire au gouvernement des mesures parmi lesquelles figure la nécessité de l'implantation d'un nouvel Opéra. Celui-ci devra être

L'attentat d'Orsini contre Napoléon III, en 1858, qui entraîna le projet de construction d'un nouvel Opéra.

situé sur une vaste place, à l'accès spacieux, permettant d'assurer aisément la sécurité du chef de l'État.

Les projets affluent aussitôt quant aux emplacements, certains fantaisistes, d'autres originaux mais difficiles à réaliser. Finalement un décret, du 29 septembre 1860, déclare d'utilité publique la construction d'une nouvelle salle d'Opéra sur un emplacement sis entre le boulevard des Capucines, la rue de la Chaussée-d'Antin, la rue Neuve-des-Mathurins et le passage Sandrié. Le projet d'implantation ajoute la création d'une voie impériale percée devant la façade du nouvel Opéra et le reliant à la Comédie-Française: ce sera la future avenue de l'Opéra.

Enfin un arrêté du 29 décembre 1860 ouvre un concours d'architecture et en détermine les conditions, accordant seulement un mois de délai aux concurrents. Cent soixante et onze projets sont présentés et exposés, formant un total de sept cents dessins. Quarante-trois projets sont d'abord retenus puis seize, puis sept. Lors d'une nouvelle réunion, le jury élimine encore deux projets et décide d'organiser un nouveau concours entre les cinq projets réservés. A l'issue de ce concours, le choix se porte sur un architecte unique, choisi à l'unanimité: il s'appelle Charles Garnier.

Pendant que l'on s'affaire à creuser, à mesurer, à bâtir, à percer boulevard des Capucines, la vie lyrique continue à la Salle Le Peletier. 1861, l'année du concours qui élit Garnier est celle du scandale de *Tannhäuser*. L'opéra est plus que jamais à la mode. Il est du dernier chic d'être abonné et les listes d'attente sont longues. D'autant que les succès continuent de faire briller la salle — non seulement avec les reprises de *Robert le Diable* ou autres *Prophète* sans parler de *La Juive* mais avec les créations: *L'Africaine* de Meyerbeer en 1865, *Don Carlos* en 1867 durant lequel on voit l'ombrageux Verdi, la barbe volontaire, le parler cassant, s'agiter dans ce qu'il nomme « la Grande Boutique », *Hamlet* du délicieux Ambroise Thomas en 1868, et puis

Faust qui en 1869 sacre Gounod comme un des plus grands compositeurs français et dont l'«Air des Bijoux» ou la «Gloire immortelle de nos aïeux» enflamment le public! Le plaisir d'être à la mode se combine donc à la chance de vivre une époque de particulier foisonnement musical. Et, si loin de toute préoccupation musicale, l'abonné paye souvent plutôt pour avoir le privilège d'entrer dans la salle le chapeau sur la tête et surtout d'avoir accès au Foyer de la Danse, «ce Paradis sur la terre», l'Opéra de Paris jouit alors d'un prestige qui rayonne dans toute l'Europe.

Malheureusement — c'est presque une tradition des salles de l'Opéra — dans la nuit du 28 au 29 octobre 1873, la Salle Le Peletier est la proie des flammes. Très vite, elle n'est plus qu'un immense brasier. Les flammèches innombrables s'élèvent et retombent jusqu'à la place de la Bourse, dans la rue Montmartre et devant les échafaudages du nouvel Opéra. La panique règne dans tout le quartier. Les voisins déménagent dans une précipitation haletante. A trois heures du matin, l'incendie atteint son maximun d'intensité. Les pompiers, les gardiens de la paix, les soldats du 25e de ligne, les employés de l'Opéra, malgré leurs efforts, ont renoncé à sauver quoi que ce soit et cherchent seulement à circonscrire la zone dangereuse. Un caporal de pompiers, monté sur un mur, perd soudain l'équilibre et s'engloutit dans la fournaise en poussant un cri horrible. A sept heures du matin, le sinistre est enfin maîtrisé mais

L'aspect des ruines de la Salle Le Peletier après l'incendie. Dessin de M.H. Meyer.

La Salle Vendatour (1874).

tout est anéanti, l'Opéra bien sûr et nombre de constructions avoisinantes. Et puis les décors, costumes, instruments de musique, partitions...

Où va-t-on loger l'Opéra puisque le Palais Garnier est loin d'être achevé? C'est la Salle Ventadour qui est choisie: elle abrite depuis de longues années le fameux Théâtre des Italiens, fort prospère, quand le 19 janvier 1874 l'Académie de musique y installe son campement. La cohabitation posera essentiellement des problèmes de planning; mais Maurice Strakosch, son directeur, et Olivier Halanzier, le directeur de l'Opéra, parviennent à s'entendre et à s'organiser parfaitement, offrant au public de la Salle Ventadour une saison à double programme qui, si l'on en croit la fréquentation, fait ses délices.

Et le 30 décembre 1874, l'Opéra de Paris — troupe, orchestre et directeur — quitte la Salle Ventadour pour s'installer dans ce « nouvel Opéra » enfin achevé après plus de treize ans de chantier. La plus longue de ses aventures commence pour l'Opéra de Paris: elle se poursuivra cent quatorze ans, jusqu'en 1989.

Chapitre deux

La construction
du Palais Garnier

Le 29 mai 1861, le jury a donc désigné le vainqueur du concours pour l'édification du nouvel Opéra. Il s'appelle Jean-Louis Charles Garnier. Né le 6 novembre 1825 dans une famille pauvre de la rue Mouffetard, il est entré en 1842 à l'École des Beaux-Arts; il a travaillé avec Viollet-le-Duc et a remporté le Grand Prix de Rome, sanctification obligée, en 1848. Au cours de ses séjours en Italie et en Grèce, il a réalisé plusieurs études qui l'ont fait remarquer et à son retour à Paris en 1854 il se trouve attaché en qualité d'auditeur au Conseil général des bâtiments civils puis devient expert auprès des tribunaux. En 1860, il est nommé architecte des cinquième et sixième arrondissements de la Ville. Et puis, en 1861, sa vie et sa carrière basculent d'un coup dans la gloire: il est vainqueur du concours de l'Opéra! L'euphorie de la victoire passée, il faut le construire, cet Opéra — et ça ne sera pas de tout repos.

Pourtant au milieu des cent mille tracas liés au chantier de l'Opéra, Charles Garnier reste simple et sympathique à son entourage. Charles Nuitter brosse ce portrait de lui comme pris sur le vif: «Un homme négligé, rempli d'angles, portant un veston couvert de plâtres, un chapeau mou décoré de toiles d'araignées, des souliers réduits à l'état de galoches; une canne à la main, cet homme, plus petit que grand, sec, nerveux, passant tour à tour du menuisier au sculpteur, du décorateur au machiniste, d'un corps de métier à l'autre, donnant un ordre ici, faisant une

Charles Garnier.

observation là-bas, le tout doucement, sans en avoir
l'air, avait simplement la tournure du plus humble
des contremaîtres.» Ajoutons-y une réelle dose d'humour et quelque originalité: on raconte qu'il s'amu-
sait à compter les voitures ou les passants qu'il
croisait, mais qu'il n'aimait rien tant que composer
en rafales des calembours du genre: «Le canard bas
avait donc l'avantage / que le canard haut n'avait»,
ou, mieux (ou pis) encore «Mon poêle ne chauffe pas /
Mon foyer ne chauffe guère, / Je suis dans un grand
embarras, / Pour me réchauffer qu'alors y faire?»

Sitôt nommé architecte du nouvel Opéra, Charles
Garnier s'empresse en un grand voyage d'aller visiter
les principaux théâtres lyriques de province et d'Europe (Avignon, Marseille, Toulon, Savone, Gênes,
Milan, Parme, Mantoue, Vérone, Vicence, Venise,

Vienne, Prague, Dresde, Berlin, Nuremberg, Munich, Stuttgart, Strasbourg): il en consigne leurs principales caractéristiques dans un rapport détaillé qui lui permet de réfléchir et préciser un certain nombre de ses orientations et choix préalables.

Au mois de juillet, les géomètres déterminent l'emprise exacte de l'édifice et son périmètre, en forme de losange de quelque cinq cents mètres. La surface calculée est de 11 237 m²[1].

En août, on commence les fouilles. En même temps on a construit très rapidement un petit local provisoire, l'*Agence des travaux,* où chaque jour Charles Garnier — le «Grand Chef» comme on l'appelle alors — travaille avec son équipe, sillonnant le chantier, examinant les travaux, notant tel ou tel détail pour revenir à l'Agence, reprendre le crayon, modifier, développer, recalculer: c'est là que seront conçus et exécutés les innombrables dessins, plans, coupes, élévations, détails et croquis de toutes sortes qui retracent au centième, au dixième puis à grandeur réelle toutes les parties du bâtiment, toutes les sculptures, tous les ornements, tous les profils. Dès 1866 on a atteint le chiffre prodigieux de 30 000 dessins grand aigle, représentant une longueur de quelque trente-trois kilomètres!

Mais les fouilles confirment les soupçons des constructeurs: le sous-sol est marécageux, et recèle de nombreuses nappes d'eau suintant du sable et des graviers que l'on rencontre d'abord, mêlées aux terres d'alluvions. Et plus on creuse, plus l'eau gagne. Or on doit creuser beaucoup, plus que pour les théâtres habituels puisque les dessous, en prévision des effets les plus compliqués de la mise en scène, doivent permettre de faire disparaître d'un coup un décor haut de 15 mètres. Il faut donc creuser jusqu'à 20 mètres au-dessous du niveau de la scène pour asseoir des fondations à la fois parfaitement solides (certaines parties devront soutenir un poids de

1. A titre de comparaison, indiquons que le Théâtre de l'Odéon occupe 1 900 m².

quelque 10 000 tonnes!) et parfaitement asséchées puisque ces vastes sous-sols devront abriter des toiles et autres bois couverts de peintures et de dorures sans avoir à souffrir de l'humidité.

En continuant de creuser, on tombe finalement sur une immense nappe phréatique, réunissant des cascades d'eaux souterraines dévalant des coteaux de l'est de Paris, des hauteurs de Belleville et de Ménilmontant, et qui viennent s'accumuler ici pour s'écouler ensuite vers la Seine : c'est de là que naîtra la fameuse légende de la Grange-Batelière, cette rivière souterraine qui coulerait sous l'Opéra ; Gaston Leroux saura en faire un important élément de décor pour les pérégrinations de son célèbre Fantôme.

Il faut donc assécher cette nappe, de quelque cinq mètres de hauteur : « Pour se faire une idée du volume d'eau expulsé, explique Charles Nuitter, l'historiographe du nouvel Opéra, il faut se représenter en surface la cour du Louvre et en hauteur une fois et demie les tours de Notre-Dame ! »

Plus de sept mois, du 2 mars au 13 octobre 1862, seront nécessaires aux huit pompes à vapeur fonctionnant jour et nuit pour assécher cette nappe et... malencontreusement aussi tous les puits du quartier qui sont taris dans un rayon de plus d'un kilomètre.

On enfonce ensuite les pieux de soutènement à pointe ferrée et l'on aménage une immense cuve destinée à contenir et à canaliser l'énorme masse d'eau souterraine dont la pression est évaluée à quelque deux mille tonnes. Le fond de la cuve est constitué alternativement d'une couche de béton, de deux couches de ciment, d'une nouvelle couche de béton et d'un lit de bitume. Le pourtour de la cuve se compose d'un gros mur en batardeau, d'un mur de brique, d'une couche de ciment et d'un mur d'un mètre d'épaisseur. Enfin une série de voûtes renversées ont été posées sous la cuve de telle façon que la pression souterraine consolide le bâtiment au lieu de l'ébranler.

Tous ces travaux de fondation se poursuivent jusqu'en décembre 1862 : on y aura alors employé 165 000 journées d'ouvriers dont 130 000 pour la

Les fondations du Palais Garnier ; à gauche, la salle.

maçonnerie et plus de 2 300 nuits pour les travaux
d'épuisement. Mais auparavant, le 21 juillet 1862, le
comte Walewski, ministre d'État, a procédé à la pose
de la première pierre apparente du nouvel Opéra —
dont il souhaite qu'il soit prêt pour l'Exposition
universelle de 1867. Pourquoi pas? acquiesce Garnier: encore faut-il que l'intendance suive. Car,
vieille histoire toujours recommencée, l'État
s'étonne, s'inquiète, s'affole devant le coût de la
construction; les assemblées, sans compétence
aucune quant à l'évaluation du coût des travaux, ne
forment qu'un seul chœur, à l'unisson: «Écono-
mies!»

A la fin 1861, après trois mois d'études précises,
Garnier évalue le budget de construction à vingt-neuf
millions. Le ministre a des vapeurs! Garnier rogne
tant et plus et aboutit à vingt-trois millions huit cent
mille francs. Le ministre respire encore mal! Garnier
triture encore les différents postes, serre au maxi-

mum et propose son dernier prix : dix-huit millions cent quarante-sept mille deux cent quatre-vingt-cinq francs. Le ministre hoche la tête, se sentant mieux. Mais le Conseil général des bâtiments civils fait savoir froidement qu'il n'entend pas que l'on dépasse quinze millions. Cette fois c'est Garnier qui a des vapeurs : il reprend tous ses calculs, poste par poste, avec une minutie d'orfèvre et indique le 26 février 1864, qu'en fin de compte, le bâtiment coûtera au moins vingt et un millions.

Pourquoi ces dépassements ? Il y a eu les fondations spéciales et le cuvelage nécessités par la nappe d'eau, il y eu l'augmentation de hauteur de la façade souhaitée par l'empereur lors d'une visite sur le chantier, il y a eu l'agrandissement de l'emprise de l'immeuble par le prolongement des deux ailes des

L'atelier des sculpteurs.

L'élévation de la façade latérale droite
(Rotonde des abonnés).

bâtiments de l'administration, il y a eu les frais
d'installation des bureaux de l'Agence, des hangars,
des ateliers des sculpteurs, etc. Garnier s'explique sur
chaque poste; il doit d'ailleurs solliciter l'accord
préalable des autorités de tutelle pour régler tout
nouveau problème technique, fût-ce simplement
pour la modification du pourcentage de pente de la
rampe d'accès de l'empereur, la fonte de deux aigles
en bronze ou la pose de paratonnerres! L'administration est déjà polluante: elle n'a pas changé.

Pourtant, pendant ce temps, le chantier progresse.
En 1863, l'édifice est monté au-dessus du bandeau
du premier étage. En 1864, les murs des pavillons
sont élevés, une partie des colonnes de la façade est
arrivée. En 1865, les pavillons et les bâtiments de
l'administration sont couronnés de leur entablement.
En 1866, on en est aux ravalements du sixième étage
et l'on peut disposer des grandes poutres des combles
de la scène. En 1867, le bilan des travaux exécutés est
déjà très fourni. Et le 15 août, les façades sont
débarrassées de leur immense échafaudage lors d'une

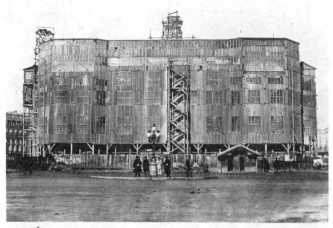

Échafaudages élevés sur la façade en 1866 afin de permettre la continuité des travaux malgré les intempéries.

cérémonie qui se déroule le jour de la fête de l'empereur et pendant l'Exposition universelle : tout le monde en reste béat d'admiration.

Jusqu'en 1867 d'ailleurs, le chantier connaît une activité intense, avec quelque cinq cents ouvriers en moyenne s'affairant de toutes parts — avec aussi, lourd tribut à ne pas oublier parmi ces ouvriers anonymes, dix morts et deux cent quarante-trois blessés. A la fin 1867, les journées d'ouvriers s'élèvent à 978 022.

Parfois pourtant, le public se plaint de la lenteur apparente des travaux. Ce à quoi, Nuitter, l'historiographe passionné, répond en comparant le volume du nouvel Opéra, 450 000 m³, à celui d'autres grands édifices : « Le Panthéon dont le volume total n'est que d'environ 190 000 m³, c'est-à-dire un peu plus que le tiers de celui de l'Opéra, a été édifié en vingt-six ans ; la construction de la Bourse, dont le volume n'est que de 106 000 m³, a duré dix-neuf ans ; celle de la Sorbonne, qui tiendrait presque dans le Grand Foyer, a duré quatorze ans ; celle du Conseil d'État, vingt-cinq ans. » Mais en 1868, afin de couvrir complètement le bâtiment, le mettre selon l'expression convenue « hors d'eau », Garnier sollicite une rallonge de crédit d'un million. Au lieu de cela, on lui retranche un million des trois qui lui sont alloués annuellement ! C'est qu'il a fallu financer à la même époque l'Hôtel-Dieu ; en effet, il est plus rentable politiquement à un régime qui connaît quelques difficultés sociales de privilégier ostensiblement « l'asile de la souffrance » au détriment du « temple du plaisir ». C'est donc la paralysie du chantier. Garnier proteste, implore — mais ne parvient pas à convaincre le gouvernement. En 1869, les restrictions budgétaires ne permettent que de parer au plus pressé, la couverture essentiellement. Et l'année 1870, pendant laquelle les travaux devaient prendre un plus vif essor pour aller vers leur achèvement, se termine dans la tourmente des événements politiques et de la guerre qui fait interrompre les travaux de construction. Le 13 septembre, le nouvel Opéra est mis à la disposition de l'armée comme magasin de stockage de vivres.

L'ensemble des vivres stockés représente alors quelque 4 500 tonnes — dont 17 tonnes de blé, 624 de farine, 280 de biscuits, 224 de riz, mais il y a aussi du sel, du sucre, du café, du lard salé, du bœuf salé, du cheval salé, du poisson salé et puis près de 7 tonnes de fromages et encore 1 154 786 litres de vin et 511 138 d'eau-de-vie !... En même temps sur le toit tout neuf est installé un poste sémaphorique.

A peine le siège terminé, l'Opéra est occupé par les fédérés : c'est là que s'établissent les aérostiers chargés de répandre dans les arrondissements de Paris et dans les départements les proclamations de la Commune au moyen de petites montgolfières en papier lancées depuis le toit.

Au total pourtant, le siège et la Commune ne causeront guère de dégâts à l'Opéra : 300 000 francs suffiront pour réparer les dégradations commises.

Les travaux reprennent donc fin 1871, mais très au ralenti. Endettée par l'effort de guerre et par la rançon de cinq milliards-or qu'elle doit payer à l'Allemagne en trois ans selon les termes du traité de paix de Francfort du 10 mai 1871, la France a

*La place de l'Opéra vue des toits du Palais Garnier avant
le percement de l'avenue de l'Opéra (achevé en 1876).*

d'autres soucis que la construction d'un nouvel
Opéra. Il s'agit non seulement d'une entreprise
somptuaire, mais d'une commande émanant du
précédent régime. D'autant que la prospérité de la
Salle Le Peletier rend toute précipitation superflue.
Chaque corps de métier continue donc à s'affairer
doucement, la construction progressant à un rythme
tranquille. Quand le ministre vient visiter le chantier
en septembre 1873, Garnier annonce que le bâtiment
devrait pouvoir être achevé en janvier 1876.

Le 28 octobre, l'incendie de la Salle Le Peletier
vient tout changer. Il faut accélérer le mouvement et
terminer le nouvel Opéra dans les plus brefs délais.
Le ministre est à nouveau sur place le 10 novembre;
il note l'état précis d'avancement des travaux, s'entretient longuement avec Garnier qui demande un
délai d'un an pour achever l'Opéra à condition qu'il
puisse disposer immédiatement d'une allocation de
cinq millions. Quelques tergiversations, l'offre de
sociétés privées proposant de terminer les travaux à
condition de se voir attribuer l'exploitation du nouvel

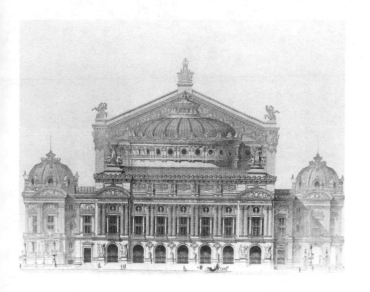

L'étude de l'élévation de la façade.

Opéra... Finalement la chambre vote les nouveaux crédits le 24 mars 1874.

Le chantier bourdonne à nouveau — tant et si bien qu'il est achevé et livré en décembre 1874. Le pari est plus que tenu. Olivier Halanzier, le directeur, en prend possession aussitôt. L'inauguration est fixée au 5 janvier 1875.

Chapitre trois

L'inauguration
d'un temple merveilleux

Le 5 janvier 1875 donc, les badauds se rassemblent autour du nouvel Opéra. Dès 18 heures, malgré le froid, dans la lumière pâle des becs de gaz, une masse de curieux se presse pour apercevoir les quelque 2 000 privilégiés triés sur le volet qui vont pour la première fois être admis dans le Temple.

L'Entracte raconte ainsi le spectacle de la salle: «Cette soirée solennelle a été un éblouissement. Un public d'illustrations, une salle resplendissante de diamants, les foyers, les couloirs, les escaliers étincelants de lumière; des princes, des généraux, des ministres aux loges, des célébrités à tous les étages; les femmes les plus belles, les plus distinguées de Paris, ajoutant le plus gracieux ornement à ce palais féerique qui semblait fait pour elles; le roi Alphonse XII d'Espagne et la reine Isabelle en face du lord-maire, le président de la République et Madame la maréchale Mac-Mahon occupaient la grande avant-scène de gauche, le lord-maire et sa société la loge contiguë. On a remarqué aussi le comte et la comtesse de Paris, le duc de Chartres, les ministres de la Guerre et de l'Instruction publique. La reine Isabelle était dans une loge du côté droit en compagnie du jeune roi Alphonse. La reine s'est longtemps promenée au foyer au bras du roi. On se ferait difficilement une idée de l'animation extraordinaire qui a régné pendant toute la soirée. La foule encombrait toutes les magnifiques dépendances du monu-

L'inauguration du Palais Garnier : les loges du Maréchal-Président, Mac Mahon, et du Lord-Maire de Londres.

ment et l'on entendait sortir de toutes les bouches des cris d'admiration. Décidément, l'Opéra de Paris est une merveille que toute l'Europe viendra voir. »

Il est vrai que le monument resplendit d'un éclat peu commun. Les matériaux employés par Garnier et recherchés patiemment dans le monde entier n'y sont pas pour rien. Charles Nuitter dans son livre sur le nouvel Opéra énumère les principaux : « La Suède a fourni les verts de Jonkoping ; l'Écosse, le granit d'Aberdeen ; l'Italie, la brèche violette, le blanc de l'Altissimo, le bleu turquin, le jaune de Sienne, le vert de Gênes, la brèche de Sicile ; l'Algérie, les onyx ; la Finlande, les porphyres rouges ; l'Espagne, la brocatelle ; la Belgique, le noir de Dinant ; la France, les jaspes du mont Blanc, les sampans, les griottes, les sarrancolins, les campans, les granits des Vosges, les spaths fluor, et tant d'autres matières brillantes jadis d'un emploi si fréquent, et maintenant délaissées. On voit que l'architecte n'a négligé aucune des ressources que la nature lui offrait et qu'il s'est composé de toutes les carrières de marbre, de tous les bancs de granit ou de roches comme une immense palette, sur laquelle il a choisi les tons les plus propres à donner à son œuvre la physionomie qu'il voulait lui imposer. »

Quelques chiffres aideront à se faire une idée du bâtiment qu'on inaugure en ce début 1875. Au hasard, dans les nombreux rapports d'archives et statistiques, notons que le bâtiment, « de la première marche du grand perron à la grande porte de l'administration » mesure 172,70 mètres de longueur sur 124,85 mètres de largeur « de la balustrade extérieure (côté du Glacier) à la grille qui ferme l'accès des rampes de l'autre côté », et 55,97 mètres de hauteur « du sol de la place de l'Opéra à la terrasse supérieure du comble de la scène ». La façade principale qui fait l'admiration générale, et qui est l'image même de l'Opéra de Paris, mesure, elle, 70 mètres de largeur sur 32 mètres de hauteur. La surface totale de l'Opéra est de 11 237 m² et son volume de 428 666 m³ (quand l'Opéra de Munich remplit seulement 4 552 m² et 129 480 m³). Le nombre des places est de 2 156. On peut encore noter que l'Opéra possède 2 531 portes, 7 593 clés (dont 5 052 pour la partie des locaux de l'administration), 6 319 marches en pierre, marbre, bois ou fonte, 1 494 échelons, que la maçonnerie a représenté à elle seule 673 295 journées d'ouvriers, qu'ont été employés 465 900 sacs de plâtre, que le poids total des fers et fontes de serrurerie y est de 6 671 530 kilos, que la longueur des tuyaux de fonte, cuivre et plomb, y est de 6 918 mètres, que le nombre des robinets est de 573 et que la contenance des treize réservoirs d'eau répartis dans le bâtiment en prévision d'un incendie est de 105 000 litres!...

Quant au montant final des travaux, il s'élève au jour de l'inauguration à quelque 35 400 000 francs: c'est dire que les estimations initiales ont été pulvérisées. Il faudra encore y ajouter trois millions de francs pour quelques finitions — dont certaines, par manque de crédits, ne seront pourtant jamais achevées, du côté du Glacier par exemple.

Mais ce 5 janvier 1875, les badauds qui se pressent sur la place de l'Opéra, aussi bien que les invités de l'inauguration n'ont pas ces chiffres en tête: ils en ont simplement plein les yeux. Car avant même d'y pénétrer, l'Opéra éblouit par son caractère polychrome, comme un palais italien où se mêlent le blanc éclatant de la pierre, les coloris multiples des marbres et des granits, le cuivre vert-de-gris de ses toitures et de sa coupole, l'or de la couronne de son dôme — et puis les lyres de la corniche et de l'attique, les bustes, statues, groupes élégamment sculptés, la légèreté florentine de sa loggia avec ses seize colonnes en pierre de Bavière se détachant sur un fond de pierre rouge du Jura... Au premier jour d'ailleurs, l'éclat des couleurs, leur symphonie contrastée éclabousse un peu trop vivement certains regards qui critiquent ce «fauvisme» architectural. Garnier a déjà répondu à ceux-là dans son ouvrage *A travers les arts*, dans lequel il a expliqué que «l'architecte fait les monuments mais que c'est le temps qui les parfait».

On n'en finit pas en tout cas de détailler les statues, profils et médaillons qui ornementent l'édifice jusqu'à l'ultime, celui d'Apollon, tout au sommet de la coupole, élevant sa lyre d'or. Mais, comme le note Charles Nuitter, «la réalité devant en toute chose se mêler à la poésie, cette lyre est surmontée d'une petite pointe à peine visible qui fait office de paratonnerre et qui dirige convenablement le fluide électrique le long des flancs de la statue».

Bustes et médaillons de compositeurs et de librettistes, statues et groupes allégoriques: chaque œuvre d'art a été confiée aux plus grands noms du moment et tous s'insèrent harmonieusement, choisis qu'ils ont été par Garnier lui-même, dans le mouvement général de l'Opéra. Un seul de ces groupes va soulever passions et polémiques : c'est celui de Carpeaux, qui, sur la partie droite de la façade, représente la Danse. Tour à tour attaqué ou défendu à la Tribune, dans la presse (« Sitôt la danseuse de droite conduite au poste pour ivresse manifeste, le groupe s'écroulera », écrit finement un critique), dans des brochures spéciales, le groupe statuaire de la Danse est même

Le groupe de la danse de Carpeaux sur la façade de l'Opéra.

La façade du Palais Garnier.

l'objet de voies de fait : un matin, une bouteille d'encre est lancée sur la hanche d'une des danseuses de l'ensemble, la souillant d'une large tache noire !

Finalement, en 1869, un arrêté ministériel ordonne que le groupe soit retiré et qu'on en commande un nouveau à Charles Gumery. Mais la guerre de 1870 fera oublier ces passions dérisoires et le groupe de Carpeaux, un des chefs-d'œuvre de la sculpture française, conservera heureusement sa place sur la façade du Palais Garnier. Aujourd'hui d'ailleurs, c'est une réplique, exécutée en 1964 par le sculpteur Paul Belmondo, qu'on peut voir sur la façade, l'original de Carpeaux étant conservé au Musée d'Orsay à l'abri des corrosions de la pollution.

Le 5 janvier 1875, ceux qui pénètrent dans le nouvel Opéra ont bien d'autres merveilles encore à découvrir. Un grand vestibule les accueille d'abord, orné par les imposantes statues de marbre, représentant Lully, Rameau, Gluck et Haendel assis. A chaque extrémité se trouve un vestibule octogonal : la « Boutique de l'Opéra » se trouve dans celui de droite.

Après avoir gravi dix marches, on accède au second vestibule, orné de candélabres et de panneaux sculptés, où se tiennent à chaque représentation, les services du contrôle. En contrebas de ce vestibule du contrôle un bel espace circulaire situé juste au-dessous de la grande salle est supporté par seize colonnes cannelées ornées de chapiteaux en marbre blanc qui forment tout autour un portique garni de bancs. Servant aujourd'hui indistinctement parfois de lieu de répétition pour les danseurs, d'autres fois de local pour des expositions temporaires, voire de simple salle de déambulation aux entractes, cet espace possède le 5 janvier 1875 une destination bien précise : c'est là que les domestiques attendront leurs maîtres et que ceux-ci attendront leur voiture.

Pour remonter à la hauteur du vestibule du contrôle, on repasse devant le charmant bassin garni de fleurs placé juste sous le grand escalier, et orné de la pythonisse en bronze de ce sculpteur qui signe Marcello — mais dont le vrai nom est Adèle d'Affry, duchesse de Castiglione-Colonna.

Et voici le grand escalier.

« Par la nouveauté de sa composition, l'habile agencement de toutes ses parties, la richesse et l'éclat des matériaux employés, le grand escalier est assurément l'une des conceptions les plus remarquables du nouvel Opéra et de celles qui feront le plus d'honneur à l'architecte » : écrivant ces lignes dès 1875, Charles Nuitter ne se trompe pas. Le grand escalier est bien un des fleurons de l'Opéra, « monument dans le monument », et nul depuis ce 5 janvier 1875 n'a pu s'en trouver au pied sans être envoûté par cette magie à la fois architecturale et décorative.

C'est sans doute la très vaste dimension de la cage qui, permettant des proportions grandioses, donne d'abord à ce grand escalier sa majesté en même temps que sa légèreté. Quelque trente mètres entre la première marche et le plafond : l'escalier peut dérouler sa large volée principale sans que cette ampleur paraisse aucunement massive — d'autant qu'elle se

Le grand escalier.

divise au palier de l'orchestre et des baignoires en deux montées qui se font face et semblent le déploiement de la grande montée centrale.

Tout autour, des colonnes de marbre séparant les balcons et loggias installés à chaque niveau et resplendissant des couleurs multiples des onyx et des marbres vert, ou rouge, ou jaune. Et le plafond avec ses peintures magnifiques et sa grande verrière semble faire une immense ombrelle colorée à ce vaste espace vibrant.

La magnificence du lieu est encore décuplée quand la foule y déploie ses couleurs mouvantes, comme en ce 5 janvier 1875 : espace de mise en scène, le grand escalier est conçu pour que le mouvement fasse ricocher la couleur. Charles Garnier lui-même, dans son ouvrage sur le nouvel Opéra décrit ce qu'il rêve — ce qui sera : « A chaque étage, les spectateurs accoudés aux balcons garnissent les murs et les rendent pour ainsi dire vivants, pendant que d'autres montent ou descendent et ajoutent encore à la vie. Enfin en disposant des étoffes ou des draperies tombantes, des girandoles, des candélabres ou des lustres, puis des marbres ou des fleurs, on fera de tout cet ensemble une composition somptueuse et brillante qui rappellera en nature quelques-unes des dispositions que Véronèse a fixées sur ses toiles. La lumière qui étincellera, les toilettes qui resplendiront, les figures animées et souriantes, les rencontres qui se produiront, les saluts qui s'échangeront, tout aura un air de fête et de plaisir, et, sans s'en rendre compte, de la part qui doit revenir à l'architecture dans cet effet magique, tout le monde en jouira, et tout le monde rendra ainsi par son impression heureuse hommage à ce grand art, si puissant dans ses manifestations et si élevé dans ses résultats. »

L'autre joyau du nouvel Opéra est le Grand Foyer du public. Après avoir accédé au premier étage par le grand escalier, on peut circuler tout autour de la cage, descendre de trois marches dans les petits balcons en marbre coloré qui permettent de mieux contempler le spectacle de l'escalier, et atteindre à l'opposé de la salle d'abord l'avant-foyer, gorgé des couleurs des mosaïques dont l'emploi est alors inédit en France dans l'architecture. Garnier est particulièrement satisfait de cet avant-foyer : « Une des choses les mieux trouvées et les mieux réussies de l'Opéra est sans conteste, non seulement pour moi mais encore pour tout le monde, cette galerie de l'avant-foyer qui complète le grand escalier, lui donne de l'air, de la perspective et est, en résumé, de grande et belle tournure. »

Cette galerie, de vingt mètres de long, au sol dallé de petits dés de marbre, est surtout remarquable par sa magnifique polychromie. Garnier tient particulièrement à ce traitement alors révolutionnaire de la décoration : « Pour tout ce qui touche à la décoration du monument, écrivait-il, il y a deux choses réellement hors ligne et qui rendent la polychromie bien digne de toutes les admirations : les marbres et la mosaïque ; les uns plus doux, plus fins, plus élégants peut-être ; l'autre, plus forte, plus étincelante, plus vigoureuse et plus sauvage si l'on veut. En tout cas, les deux se complètent l'un l'autre et forment, par leur réunion, plus ou moins directe, une association merveilleuse, comprenant toutes les gammes de la palette, tous les reflets brillants et toutes les splendeurs du coloris. »

Et pour que nul n'en ignore, il fait inscrire sur le plafond, en caractères grecs du VIIIe siècle, une inscription-signature : « La mosaïque décorative a été appliquée pour la première fois en France pour l'ornementation de cette voûte et la vulgarisation de cet art. Les figures peintes par de Curzon ont été exécutées par Salviati, les ornements par Facchina. L'architecture est de Charles Garnier. »

Notons encore, de part et d'autre de cette galerie, deux petits salons circulaires, ravissants, le Salon de la Nuit et le Salon du Soleil aux plafonds garnis de chauves-souris et de chouettes dont le vol est baigné par la clarté froide de la lune pour le premier, tandis que des salamandres s'ébattent au milieu des rayons chauds du soleil dans le second — un jeu de miroirs savamment disposés produisant de surcroît des effets de vision à l'infini qui enchantent toujours les visiteurs.

Et c'est enfin le Grand Foyer qui se révèle. « Grand » est le mot puisqu'il ne mesure pas moins de 54 mètres de long sur 13 de large et 18 de haut.

C'est cette hauteur (celle d'un immeuble de cinq étages) qui frappe d'emblée en pénétrant dans cette immense galerie et les yeux s'élèvent d'abord vers la voûte qui couronne les riches parois. Ce qui confirme une des théories de Garnier selon laquelle une salle de grande hauteur attire le regard vers son sommet alors qu'elle le conduit vers le sol lorsqu'elle est basse. D'autant que les dix lustres de bronze qui descendent du plafond semblent le mettre à portée humaine, servant de transition aux niveaux superposés.

La tonalité générale du Foyer est l'or — non pas l'or clinquant et neuf, celui de la dorure en plein, mais le vieil or, aux tonalités plus douces et plus riches, obtenu par la dorure à l'effet ou au « rehaussé »,

Le Grand Foyer.

technique courante en Italie qui consiste à n'appliquer l'or que sur un fond de couleur en harmonie, donnant l'impression de l'ombre des dorures et ne faisant ressortir que les parties saillantes qui reçoivent les lumières et les reflets.

De part et d'autre de la pièce, dix colonnes monumentales accouplées deux à deux, des statues, des ornements, des motifs, des sculptures, le tout noyé de ce vieil or aux tonalités chaudes, donnent à l'ensemble un sentiment de résidence princière sans rien de la froideur que pourraient amener les dimensions du lieu.

Enfin le plafond et les voussures peintes par Paul Baudry avec une élégance, un mouvement et des coloris changeants, évoquant les chefs-d'œuvre de la Renaissance italienne, achèvent de donner à ce Foyer cette somptuosité tendre, cet éclat velouté qui en fait un des joyaux du bâtiment.

Aux extrémités de ce Grand Foyer, deux petits salons ouverts ornés de deux cheminées monumentales cachent, adossés à ces cheminées deux autres petits salons destinés aux personnes qui veulent se reposer sans voir passer la foule devant elles. Enfin, cinq grandes baies vitrées permettent d'apercevoir la loggia et, au-delà, la magnifique perspective de l'avenue de l'Opéra. Mais, en ce 5 janvier 1875, la vue s'arrête à la rue Louis-le-Grand, devant la Butte-aux-Moulins, le percement de l'avenue n'étant pas encore achevé; la jonction ne sera opérée que l'année suivante, offrant ainsi une des plus belles perspectives en même temps qu'une des plus belles avenues de la capitale.

Quelques pas encore dans le Grand Foyer: ils deviendront vite rituels et portés par une organisation sociale spécifique. Car le Grand Foyer va modifier un comportement jusque-là bien établi qui voulait que les dames reçoivent, à l'entracte, dans leurs loges, les hommages qu'on venait y déposer comme dans un salon. Au Palais Garnier, le prestige nouveau du Grand Foyer va faire sortir les belles (ou les moins belles) spectatrices de leurs loges pour faire la promenade jusqu'à ce Grand Foyer, selon une étiquette bien vite instituée : on parcourt d'abord la vaste galerie de cour à jardin, du côté de la loggia puis on revient de jardin à cour du côté des grands miroirs astucieusement placés par Charles Garnier, qui permettent de vérifier discrètement le bon ordonnement de sa toilette... Au début du siècle, nombre de jeunes filles de bonne famille en âge de se marier viennent faire plusieurs longueurs de ce qu'on nomme alors « l'allée des soupirs » : l'écrin ne les fera que mieux resplendir aux yeux des jeunes gens...

Il est temps maintenant de pénétrer dans la salle. C'est un ample vaisseau circulaire de 20 mètres de longueur, 30 mètres de profondeur et 20 mètres de hauteur, dont frappe d'abord l'harmonie des rouges

La salle de spectacle.

sombres sertis de ce vieil or disposé comme dans le Grand Foyer selon le principe de la dorure à l'effet. Un parterre garni de fauteuils confortables et encadré de baignoires, un amphithéâtre (aujourd'hui dénommé « balcon ») légèrement surélevé par rapport aux fauteuils d'orchestre, ces places étant alors réservées aux hommes, les spectatrices n'étant admises que dans les loges où elles règnent en maîtresses, quatre étages de loges, et un plafond qui a la forme d'une immense coupole : le théâtre est à la fois vaste et à taille humaine.

Les invités de l'inauguration s'égaillent donc sur les velours cramoisis avec un réel plaisir : les sièges sont plus larges, plus profonds aussi que dans l'ancienne Salle Le Peletier. Et, tournant leurs regards de tous côtés, ils ne peuvent qu'être charmés par la splendeur de la décoration, tant avec les majestueuses colonnes qu'avec les cariatides en bronze et les innombrables motifs, masques, enfants, têtes, figures, lyres et autres sculptures — le tout demeurant dans des tonalités limitées au rouge et au vieil or, l'objectif de Garnier étant d'allier « la musique des tons à la musique des sons ».

C'est en s'inspirant de ces principes que Jules-Eugène Lenepveu va peindre le magnifique plafond qui longtemps concourra à la renommée de la salle de l'Opéra. Cette peinture, réalisée sur vingt-quatre panneaux de cuivre assemblés en trois grands éventails totalisant quelque 200 m² représente les *Heures du jour et de la nuit*. On y voit, commente Charles Garnier, un peuple de « figures montant et descendant comme des nuées d'oiseaux ; celles-ci traversent l'espace en s'élevant presque perpendiculairement ; celles-là, au contraire, les bras et la tête en avant, semblent quitter le ciel pour s'approcher de la terre..., et la lumière du soleil levant, éclatante et pourprée, et la lumière de la pâle lune, sombre et argentée, et les amours qui jettent des fleurs, et les muses qui s'enlacent joyeusement : tout cela frémit, voltige, tourbillonne dans les airs... On regarde alors cet ensemble avec plaisir et charme..., cela est logique, cela est beau, cela est bien ».

*Le plafond peint par Lenepveu, d'après la maquette
originale qui se trouve au Musée d'Orsay.*

Malheureusement, on ne voit plus aujourd'hui ce
superbe plafond de Lenepveu qui s'intégrait si parfaitement à l'ensemble conçu par Charles Garnier.
En effet, en 1962, André Malraux, alors ministre de
la Culture, passe commande à Marc Chagall d'un
nouveau plafond. Celui-ci, peint à l'huile sur des
toiles marouflées et monté sur une coupole en matière
plastique sera inauguré le 23 septembre 1964; il est
à présent fixé à dix centimètres du plafond de
Lenepveu, heureusement préservé. Sans mettre en
cause le talent de grand artiste de Chagall, on ne peut
que déplorer la totale rupture d'harmonie créée avec
l'ensemble de la salle de l'Opéra, avec ses couleurs
crues, caractéristiques de son style, mais en contra-
diction profonde avec la conception de Garnier. Une
volonté de préserver la cohérence esthétique du
Palais Garnier exigerait que la composition de Chagall soit décrochée de la coupole de l'Opéra et puisse
être admirée dans un musée, en même temps que le

*Le plafond de la salle
peint par Chagall.*

plafond de Lenepveu retrouverait sa place, selon le vœu de Garnier qui souhaitait que « cette vaste page de la coupole soit bien longtemps encore sous les yeux des générations à venir ». Quel responsable en voudra prendre la décision courageuse ?...

Mais les invités du 5 janvier 1875 peuvent, eux, admirer le chef-d'œuvre de Lenepveu et, en son milieu, le fameux lustre central en bronze et cristal, de quelque sept tonnes, qui éblouit et concentre tous les regards. Véritable chef-d'œuvre avec ses trois cent quarante lumières admirablement disposées selon un dessin que Garnier a cherché longtemps, il suscite néanmoins quelques polémiques qui vont amener l'architecte à répondre lui-même à ses détracteurs dans *Le Théâtre* et à préciser sa conception esthétique :

« Arrivons donc à ce lustre que je soutiens et que j'aime : la besogne est facile, car je n'ai pas à décrire un objet que tout le monde connaît; je veux seulement combattre les reproches qui lui sont faits et que j'ai déjà indiqués: celui de gêner les spectateurs des quatrièmes loges, et celui de masquer une partie de la voûte de la salle.

« J'accorde très bien que dans plusieurs théâtres le lustre gêne la vue de quelques spectateurs; mais cet inconvénient tient bien plutôt à la salle qu'au lustre lui-même, du moins au lustre tel qu'il devrait être. Si, comme à l'Opéra actuel et dans quelques autres théâtres, la salle, au lieu d'être terminée par un plafond, l'était par une voûte ou voussure, la place serait suffisante pour pouvoir placer le lustre assez haut, et, pour qu'il ne gênât pas les quatrièmes loges ou les cintres, il suffirait de donner à ce lustre plus de développement en largeur et moins en hauteur, pour concourir au même résultat éclairant. Si les lustres sont petits et mesquins et qu'il faille les descendre assez bas pour bien éclairer la salle, n'accusez pas le système général, mais bien l'engin particulier. Si le plafond commence tout de suite au-dessus des spectateurs des rangs du haut et que le lustre doive par suite être placé au niveau des troisièmes loges, accusez la forme de la salle, mais non pas le foyer central. Si le lustre est dessiné en forme de poire longue, accusez cette forme mal venue et illogique, mais absolvez le lustre large et peu élevé. Rendez-vous bien compte d'où vient l'obstacle, demandez-vous comment on peut le supprimer, et vous verrez bientôt qu'au lieu de subir une condamnation banale, il ne s'agit que de faire une étude facile sur la disposition de la salle, sur les dimensions du lustre, sur la hauteur de son point de suspension, et que l'inconvénient signalé disparaîtra bientôt. Le lustre même, dût-il être remonté jusqu'à l'intrados de la coupole et n'avoir que la même saillie que le foyer central du Vaudeville, aurait encore plus d'éclat avec les lumières apparentes, réfléchies ou non, qu'un plafond ou globe lumineux ayant le même nombre de becs.

« Dans tous les cas, pour une salle d'Opéra, pour un grand théâtre de premier ordre, où les places du cintre sont peu recherchées et souvent données gratuitement, quand bien même une vingtaine de ces places auraient à souffrir de la vue du lustre, il n'en faudrait pas moins le conserver et sacrifier une recette minime et incertaine, pour donner à la salle cet aspect vivant et animé que procure l'éclat des lumières, et qui dispose si favorablement à l'audition et à la bienveillance.

« Quant à l'obstacle que le lustre forme à la vue du plafond, il est évident qu'à moins d'être placé juste au-dessous de lui, cet obstacle est réel et qu'une portion quelconque de la voussure est cachée par la masse du lustre. Mais est-ce un mal ? Bien loin de là ! C'est cet obstacle, qui forme pour ainsi dire un premier plan, qui donne de la grandeur et de l'échelle à la salle, qui rompt les lignes un peu molles et un peu longues, et qui avive ou mouvemente tout l'ensemble. Sans ce motif saillant et découpé, la vue paraît froide et nue, la salle vide et monotone ; c'est la plaine sans arbres, c'est la mer sans vaisseaux. Et pourquoi repousser ce qui est à la base de l'art, ce qui est la loi de la nature ? Dans l'un comme dans l'autre, ce sont les oppositions, les plans, qui accentuent la composition et en font valoir les lignes. Est-ce que le ciel ne se cache pas en partie derrière les montagnes ou les édifices ; est-ce que les figures de telle peinture ou de tel groupe sont toutes entièrement visibles ? Ce qu'il faut, c'est que derrière ces plans, derrière ces obstacles artistiques ou naturels, on devine le fond, la composition générale ; que l'air et l'espace puissent circuler, comme le ciel et l'espace se dessinent et circulent derrière la tour et la montagne, comme la voûte et l'architecture de la salle se dessinent derrière le lustre qui en dérobe en partie la vue.

« Les reproches faits au lustre sont donc mal fondés ; il est toujours possible d'atténuer et même d'éviter les inconvénients qu'on signale, il est impossible de remplacer ce charmant foyer lumineux. »

Enfin, se tournant vers la scène, les spectateurs découvrent le magnifique rideau d'avant-scène dû à Auguste-Alfred Rubé et Philippe-Marie Chaperon. Il représente en trompe l'œil une grande draperie de velours rouge avec franges, torsades et glands dorés. Il est couronné d'un lambrequin de velours au centre duquel un cartouche circulaire représente le soleil, symbole de Louis XIV, et rappelle la date de fondation de l'Académie de Musique : 1669. Il n'a été prêt à fonctionner qu'à 18 heures ce jour de l'inauguration, mais il tiendra jusqu'en 1952 où il sera remplacé, à l'identique, par Émile Bertin qui outre les 200 kilos de peinture, utilisera des milliers d'élytres de cochenilles mexicaines pour obtenir la belle teinte pourpre qui le fait resplendir.

Le rideau de scène et la vue de la salle.

La salle est donc comble ce 5 janvier 1875 à 20 heures. Princesses, duchesses et comtesses en avalanche voisinent avec les rois en exil ou les reines, comme la bien laide et fort lubrique Isabel II d'Espagne ; les Rothschild et les Broglie croisent les Clermont-Tonnerre ou les La Trémoille. Viollet-le-Duc, l'architecte, salue Ambroise Thomas, le compositeur, lequel devise avec Léo Delibes, dont on joue ce soir le second acte de *La Source*, un ballet qu'il a composé avec Ludwig Minkus. Quelques cantatrices sont là aussi dans la salle en attendant, en espérant être bientôt sur la scène. Un brouhaha au-dehors :

c'est l'arrivée du Lord-Maire de Londres dans sa longue soutane rouge. Et à 19 h 45, la voiture du maréchal Mac-Mahon s'arrête rue Auber; Olivier Halanzier, le directeur, accueille le Maréchal-Président et son épouse et les conduit à leur loge par un couloir qui sent le neuf: une heure plus tôt, on y posait encore les tapisseries qui ravissent les yeux!

A 20 heures et quelques minutes, le rideau se lève sur le décor de *La Juive*: Olivier Halanzier n'a pas voulu jouer la nouveauté mais la sécurité. L'œuvre d'Halévy est une des plus populaires du répertoire. Chacun se retrouve en pays connu. Le chef d'orchestre

La salle vue de la scène lors de l'inauguration du Palais Garnier, le 5 janvier 1875 ; dessin de MM. Scott et Lix.

grimpe alors à son pupitre pendant que se poursuit dans son dos le va-et-vient de nombreux retardataires. Le grand lustre jette tous ses feux sur les diamants et les brocarts; il ne s'éteindra pas et restera d'ailleurs allumé pendant toutes les représentations, jusqu'en 1937.

C'est avec l'Ouverture de *La Muette de Portici* d'Auber que débute la soirée. Lui succède une autre Ouverture, celle de *Guillaume Tell* de Rossini: deux « tubes ». On donne ensuite — ce qui explique le décor — deux actes de *La Juive* avec dans le rôle-titre une diva qui fait alors ses débuts à l'Opéra, la grande soprano autrichienne Gabrielle Krauss. Ce n'est pourtant pas un soir où se faire remarquer: le spectacle est bien plus dans la salle! Et les applaudissements qui la saluent à l'entracte ne sont pas à la mesure de ce qu'elle escomptait ou du talent qu'elle a déployé. Mais que prouver dans une telle soirée-patchwork où la musique est sacrifiée à la consommation tranquille d'un public de circonstance?

Après l'entracte — pendant lequel le maréchal Mac-Mahon remet la croix d'officier de la Légion d'honneur à Charles Garnier (un Charles Garnier qui a d'ailleurs failli ne pouvoir assister à la soirée, ayant été oublié dans la liste des personnalités: il a dû au dernier moment payer 120 francs une deuxième loge) —, la soirée se poursuit avec la «Bénédiction des Poignards» des *Huguenots* de Meyerbeer puis avec le second acte de *La Source*, le ballet de Minkus et Delibes qui voit briller l'étoile Rita Sangalli, au grand dam des esprits chauvins qui considèrent inadmissible qu'on ait engagé une Autrichienne et une Italienne pour inaugurer un monument français...

A minuit et demi, le rideau tombe pour la première soirée du nouvel Opéra de Paris. Un brouillard épais recouvre le Palais Garnier comme un cocon ouaté. Pendant que dans le vacarme des voitures, les vociférations des cochers et les acclamations de la foule, les invités quittent ce monument qu'on n'appelle pas encore le Palais Garnier, Olivier Halanzier, dans son bureau, fait ses comptes: 36 282 francs de recette. C'est un bon début.

Chapitre quatre

De scène en loges,
de cintres en ateliers

Le 5 janvier 1875, la scène du nouvel Opéra s'est donc animée pour la première fois: c'est le moment de la visiter. Depuis la salle, on a compris qu'elle était très grande. Et il est vrai qu'avec 16 mètres d'ouverture sur 15 mètres de hauteur, c'est assurément la plus grande qu'on connaisse alors.

Mais quand on s'avance sur le plateau, les dimensions sont carrément époustouflantes: 48,50 mètres de largeur, 27 mètres de profondeur, soit plus de 1 200 m² de superficie et 60 mètres de hauteur entre le dessous le plus bas et le gril le plus élevé. L'immeuble tout entier de la Comédie-Française y tiendrait! Et cette scène déjà immense peut encore être développée, Garnier l'a prévu: en effet, derrière la scène, dans l'axe de la salle, après un couloir de 6 mètres est placé le Foyer de la Danse qui, lorsqu'on lève le rideau de fer de fond de scène, prolonge le plateau, portant sa profondeur à près de 50 mètres.

Le Foyer de la Danse.

Et comme, de surcroît, le fond du Foyer de la Danse est garni de miroirs qui en occupent toute la paroi, et réfléchissent la scène et la salle, la vue depuis les premières loges paraît s'étendre jusqu'à une profondeur de quelque 100 mètres : effet saisissant !

Le Foyer de la Danse en ceci mérite qu'on s'y arrête. Aujourd'hui fermé au public qui ne l'aperçoit guère que lors du Défilé du corps de Ballet ou à l'occasion de tel ou tel effet de mise en scène utilisant cette impressionnante perspective, il revêt à l'époque de la construction et de l'inauguration du Palais Garnier une importance toute particulière, liée à une tradition bien établie.

A l'Opéra, en effet, les abonnés ont acquis le droit, pendant les entractes, de pénétrer dans les coulisses pour se rendre au Foyer de la Danse. Cet usage remonte à la fin du XVIIIᵉ siècle, avec la construction de la seconde salle du Palais-Royal en 1770. Ainsi lit-on, dans les *Mémoires secrets* de Bachaumont, que « le foyer le plus recherché est le foyer intérieur qui est près du théâtre. Il est carré et trop petit pour son usage, sans aucune décoration. C'est là qu'après l'Opéra, les actrices se retrouvent et se mettent en spectacle sur des banquettes qui en forment le pourtour. Elles y reçoivent les hommages des spectateurs, qui s'y rendent en foule, et chacun peut en liberté approcher ces divinités... »

Dès l'inauguration du nouvel Opéra, les places d'abonnés seront notamment recherchées pour ce privilège et l'on verra à chaque entracte se précipiter les beaux messieurs en habit noir et gants blancs pour apporter des friandises à leurs protégées, s'enquérir de leurs caprices, échafauder des projets pour l'après-spectacle...

Il faudra attendre 1935 et Serge Lifar comme Maître de Ballet pour que cette pratique, déjà contestée depuis 1914, soit définitivement abolie, les abonnés exclus du Foyer de la Danse, et les ballerines considérées autrement que comme des demoiselles de petite vertu qui lèvent la jambe pour l'amour de l'argent.

En 1875, le Foyer de la Danse est encore ce lieu convoité et en conséquence somptueusement décoré. De dimensions agréables (15 mètres de profondeur sur 11 mètres de largeur), il est pourvu comme le plateau de la scène d'une pente de 5 pour cent — mais en sens opposé. (Cette pente, il faut le rappeler, est destinée à accompagner l'effet de perspective que les toiles peintes, successivement abaissées vers le lointain, figurent par le dessin; mais la conception des décors construits, telle qu'elle s'est imposée ces trente dernières années, s'accommode mal de cette pente, qu'elle doit compenser artificiellement par des découpes appropriées des décors, fauteuils et autres éléments de mobilier.)

C'est surtout sa riche ornementation qui frappe, avec un mur du fond entièrement revêtu de trois grands miroirs ajustés, dans lesquels se reflète un superbe lustre en bronze doré de 104 lumières, et une douzaine de colonnes cannelées en spirale surmontées de longs chapiteaux où des papillons aux ailes déployées remplacent les habituelles feuilles d'acanthe.

Et puis, dans les voussures du plafond, une série de médaillons reproduit les portraits des vingt danseurs les plus célèbres depuis l'origine de l'Opéra, de Mademoiselle de la Fontaine, la première femme qui ait dansé sur la scène de l'Opéra en 1681 jusqu'à Mademoiselle Rosati, en passant par Mesdemoiselles Sallé, Camargo, Vestris, Guimard, Taglioni, Elssler, Grisi, Cerrito...

Enfin, tout autour du Foyer sont disposées des barres placées à hauteur d'appui pour les exercices. Écoutons Charles Nuitter rapporter, en 1875, l'activité du Foyer de la Danse, juste avant le lever du rideau : « La danseuse s'exerce avec des chaussons de classe qui ont déjà servi. Elle porte de légères guêtres en toile, afin qu'en faisant les battements le frottement du pied ne ternisse pas le maillot. Au moment d'entrer en scène, la danseuse met des chaussons neufs dont la pointe et les bords ont été piqués, c'est-à-dire renforcés par de grands points de coton blanc qui donnent de la fermeté à la soie du chausson et maintiennent l'orteil dans les temps de pointe. Quelques gouttes de gomme, mises au pinceau, font adhérer le chausson au talon ; les cordons sont bien serrés, noués avec soin, car la moindre négligence dans ces petits détails pourrait compromettre l'exécution. On fait, devant la glace, quelques pirouettes, quelques grands battements. On essaye quelques attitudes en vérifiant si les jupons n'ont pas de plis, s'ils sont bien cousus, puis la sonnette de la régie retentit. C'est le moment d'entrer en scène. On se met un peu de blanc sur les bras, sur les mains ; on se gargarise d'une gorgée d'eau. On écrase sous le pied un petit morceau de résine dont l'adhérence doit empêcher de glisser, et l'on part. Les abonnés regagnent leurs places pour ne pas manquer les premières mesures du ballet, et le foyer, naguère plein de bruit et d'animation, est désert en un moment. »

On a dit qu'en levant la tête on est impressionné par la hauteur des cintres au-dessus du plateau ; non moins étonnants sont les dessous du nouvel Opéra tels qu'ils se présentent en 1875. D'abord ils sont dégagés de presque tous les poteaux qui encombrent les autres théâtres et qui nuisent à la facilité de la circulation. Ce résultat a été atteint en changeant le mode de construction jusqu'ici adopté et en remplaçant le bois par le fer. On a ainsi plus de rigidité et

Le plateau et les cintres.

des portées plus grandes qui ont permis la suppression d'un grand nombre de supports. De nombreux engins garnissent ces dessous, treuils, cassettes, chariots... Ils serviront des années durant, leurs cordages tendus manœuvrés par une armée de machinistes musclés, à déplacer les énormes décors. Aujourd'hui, ces grands treuils, leurs cordages distendus, abandonnés, ne sont plus là que pour témoigner d'une époque, comme un grand voilier échoué remplacé à présent par un moderne vaisseau aux commandes automatisées par ces deux fées nouvelles que sont l'électricité et l'électronique. Car ces machineries actionnées à bras d'homme ont été équipées électriquement, ce qui fait circuler dans l'Opéra quelque 500 kilomètres de câbles et fils électriques, 44 kilomètres de filins pour les manœuvres, ce à quoi, dans l'ordre des transformations, il faut ajouter les 500 tonnes de charpente métallique et les 34 kilomètres de caillebotis à tôle perforée pliée qui ont été posés en 1936 et 1937 pour remplacer l'ancien équipement en bois.

Les troisièmes dessous.

La cuve.

Dernière curiosité (non encore visible en 1875), à quelques pas du grand lac souterrain constitué par la réserve d'eau contenue dans l'immense cuve et prête à être pompée à la moindre alerte, une plaque sur un gros mur : «Don d'Alfred Clark, 28 juin 1907, Gramophone.» C'est là que, à la date mentionnée, ont été scellés sous vide, dans deux urnes en plomb, vingt-quatre disques qui, suivant les volontés du donateur, ne pourront être exhumés que cent ans plus tard, le 28 juin 2007, donnant aux générations futures l'écho des grandes voix de l'époque, parmi lesquelles rien moins que la Patti, Melba, Tetrazzini, Caruso, Tamagno, Frantz, Chaliapine!... Le 13 juin 1912, on a d'ailleurs rajouté trente-deux disques supplémentaires (dont certains consacrés à des instrumentistes virtuoses, comme le pianiste Paderewski ou le violoniste Kreisler), dans deux nouvelles urnes, toujours sous vide, ainsi qu'un gramophone, un diaphragme et une boîte d'aiguilles. Et la liste complète des cinquante-six morceaux, les instructions nécessaires à la bonne manière de faire fonctionner l'appareil ont ensuite été placées dans un étui cylindrique en cuivre, à côté de ces urnes.

A vingt mètres au-dessus du plancher de la scène commencent les cintres qui ne sont pas un univers moins passionnant, avec leurs herses d'éclairage,

Le premier gril : machinerie.

avec les ponts volants et autres grils et cet entrelacs de treuils, câbles, filins, tuyaux, crochets, contrepoids, mille engins qui font de ces cintres une sorte d'usine reliée à celle des dessous pour faire apparaître sur la scène la magie de l'évidence, du naturel. Garnier a tout étudié point par point : « Il s'est fait ingénieur, il s'est fait machiniste, décorateur, physicien, il s'est enfin multiplié afin de combiner et de surveiller ce colossal ouvrage », rapporte Charles Nuitter.

Il y aurait encore beaucoup à voir en visitant les locaux de l'Opéra — à quelques détails près tels qu'ils se présentent en 1875. Car c'est une des particularités remarquables du Palais Garnier que, plus de cent ans après son inauguration, il ait conservé un aspect absolument identique à celui que découvraient alors le maréchal Mac-Mahon et ses invités. Les modernisations n'ont en rien touché l'architecture et la décoration ; l'Opéra de Paris demeure ainsi comme un musée vivant du goût et du style de ce second Empire qui l'a voulu.

On pourrait visiter l'armurerie de l'Opéra qui deviendra vite un véritable capharnaüm où s'entassent armures de tous styles et de toutes époques, casques, arbalètes, poignards, yatagans, sabres, dagues vénitiennes, glaives, épées, lances, haches, sans compter les fusils, arquebuses, pistolets, arcs, ou boucliers, les cottes de mailles (dont celle portée par le chanteur Frantz dans *Parsifal* et qui ne pesait pas moins de 32 kilos!) et encore les cuirasses, gantelets, jambières et autres éperons...

Au hasard des pérégrinations, on rencontre sur une passerelle un essaim de cloches — il y en a seize — dont la plus grosse pèse 650 kilos, destinées à carillonner dans *Rigoletto* ou *Boris Godounov*. La légende veut que l'une d'elles ait été fondue dans le métal de celle qui, à Saint-Germain-l'Auxerrois, donna le signal du massacre de la Saint-Barthélemy. Ce signal, elle l'aura donc redonné plus de 500 fois pour les spectateurs de l'Opéra venus applaudir *Les Huguenots* de Meyerbeer.

Mais l'atelier de bijoux du Palais Garnier n'est pas moins attractif: si en 1875, il ne regorge pas encore de ces trésors qui vont en faire une sorte de caverne d'Ali Baba, on va très vite voir s'entasser des kilos de plaques et de bracelets, de colliers de pierres et de perles, de diadèmes et de couronnes ou de tiares, de ceintures de tous styles et de toutes dimensions entassés par centaines, de broches et de médailles, de

Le jeu de cloches, première passerelle côté cour.

sceptres, d'escarboucles, de rubis, topazes, perles, diamants, émeraudes, saphirs... le tout bien sûr en «toc». Non seulement en raison du prix mais parce que les vrais bijoux n'atteindraient jamais le clinquant des faux qui est indispensable, en raison de la distance, pour créer l'illusion!...

Passant devant le magasin des accessoires qui regorge de tout ce qu'un marché aux puces déployé sur plusieurs siècles et styles peut offrir à la vue, on peut grimper aussi jusqu'au quatrième étage où l'on découvre un vaste service, celui de la couture: une vraie fourmilière: quelque cinquante à soixante couturières s'affairent sur des mètres de tulle ou de tarlatane, drapent les brocarts et les satins, coupent, taillent, cousent, brochent, tuyautent, froncent, guimpent, amidonnent, effilochent, vieillissent, dorent, boutonnent des tissus de toutes sortes avec un soin de petite main de chez Dior — pour créer l'illusion, le mouvement, l'éclat. Et si l'on songe qu'un opéra peut comporter, avec les chœurs, quelque 500 à 600 costumes (sans oublier, liés à ce service, les chapeaux et les chaussures), et que l'on conservera tous ces costumes, pour les reprises ou les réutilisations, on peut évaluer à plus de 30 000 les

Les toits: les deux renommées, la coupole principale, l'Apollon à la lyre.

costumes accrochés dans l'immense garde-robe atte-
nante aux ateliers, véritable musée de l'histoire du
théâtre.

Quand on est au quatrième étage, on n'a plus long
à monter pour atteindre les toits et, sans vouloir
nécessairement explorer les 15 000 m² de toiture, il
est impressionnant de se retrouver sur le faîte de
l'Opéra où de larges plates-formes permettent de
déambuler sans danger et d'admirer la vue qui, par
beau temps, s'étend au-delà des avenues frémissantes
d'animation jusqu'au Sacré-Cœur, au mont Valérien
ou au bois de Meudon. Le plus impressionnant est
assurément, en arrière de la vaste coupole coiffée de
sa lanterne dorée et surmontant le mur pignon de la
scène, le groupe d'Apollon entre la Musique et la
Danse, élevant des deux mains sa lyre d'or, qui
culmine à quelque soixante-six mètres au-dessus du
niveau de la rue !

Chapitre cinq

Premières saisons

La première représentation ouverte au public a lieu trois jours après l'inauguration, le 8 janvier, avec *La Juive*, l'éternel succès d'Halévy; Olivier Halanzier, on l'a dit, est un directeur qui n'a rien d'un risque-tout. On lui a confié le Palais Garnier après la Salle Le Peletier où il a fort bien réussi: il tient à conserver sa bonne réputation. Pendant quatre saisons, jusqu'au 15 juillet 1879, ce fils d'un ancien capitaine de cavalerie impériale va régner le premier sur l'Opéra de Paris, faisant résonner les voûtes toutes neuves de ses fulgurantes colères, mettant en place consciencieusement sa politique artistique sans audace, très frileuse même, mais qui se veut raisonnable: le Palais Garnier a été construit par un artiste, il est d'abord géré par un boutiquier; reconnaissons à Hyacinthe Olivier Halanzier ses qualités de bon gestionnaire: n'a-t-il pas administré parfaitement, entre autres, le Théâtre de Strasbourg, la Salle Le Peletier, la Salle Ventadour?

Halanzier sait que Meyerbeer et Gounod remplissent les salles: il affiche Meyerbeer et Gounod. Ainsi la première année applaudira-t-on *Les Huguenots* de Meyerbeer et *Faust* de Gounod (mais aussi, *Don Giovanni* de Mozart. Un *Don Giovanni* un rien déroutant, avec coupure de nombreux airs, modifications d'orchestration et surtout ajout d'un ballet composé à partir d'extraits de la *Symphonie no 40*, du menuet d'un quatuor, du Trio d'un quintette et du Rondo de la *Marche turque*!); la seconde année, ce seront *Le Prophète* et *Robert le Diable* de Meyerbeer;

73

L'affiche de la soirée d'inauguration, le 5 janvier 1875.

la troisième année *L'Africaine* de Meyerbeer et *La Reine de Chypre* d'Halévy et la quatrième année on entendra *Polyeucte* et *Faust* de Gounod.

Deux créations intéressantes pourtant jalonneront ces quatre années du mandat d'Halanzier, celle de *Sylvia*, le ballet de Léo Delibes et celle du *Roi de Lahore*, l'opéra de Jules Massenet, le jeune compositeur « qui monte ».

Bien sûr, les mélomanes avides de création lui reprocheront ce manque d'audace ; le célèbre critique Ernest Reyer donnera à ce sujet une « explication » fielleuse: « M. Halanzier avait un grand avantage sur certains de ses confrères: il ne savait pas la musique. » Mais la part du ressentiment personnel est bien évidemment grande dans ce jugement quand on sait qu'Halanzier a refusé de monter le *Sigurd* de ce même Reyer qui était aussi compositeur, refus d'ailleurs motivé non tant pour des raisons esthétiques que pour un problème de longueur...

Et puis Halanzier fera connaître à l'Opéra son premier four avec la *Jeanne d'Arc* de Mermet, annoncée à grands cris et s'écroulant avec d'autant plus de fracas. Dès la fin du premier acte, on entend ce trait destiné à Mac-Mahon qui préside la soirée: « Le Maréchal qui a le droit de grâce devrait s'en servir pour faire baisser le rideau. »

Pourtant, très vite les problèmes financiers vont empoisonner la vie de l'Opéra. Sous le règne d'Halanzier, on reproche au directeur d'empocher de trop confortables bénéfices; ensuite le reproche adressé aux directeurs sera de creuser de trop grands déficits! L'idée de faire des profits peut paraître étrange de nos jours où le directeur de l'Opéra de Paris — baptisé Administrateur général — n'est rétribué que par un salaire, confortable certes, mais aucunement intéressé aux bénéfices d'exploitation (et sans doute cela vaut-il mieux pour lui!...)

A l'époque de l'ouverture du Palais Garnier, le régime juridique est en effet celui de la concession: l'État abandonne le loyer du bâtiment (qui s'élèverait à quelque 5 millions de francs), il accorde une réduction de 50 pour cent sur le prix du gaz (et tout l'Opéra est éclairé au gaz) et il verse une subvention annuelle de 800 000 francs.

Quant au directeur, qui pour être agréé doit apporter dans l'«affaire» la somme (équivalant au montant de la subvention) de 800 000 francs, la moitié étant affectée à une caution destinée à prévenir un éventuel déficit, l'autre au fonds de roulement, il est dans la position d'un responsable d'entreprise privée astreint à faire des bénéfices, c'est-à-dire non rétribué et comptable de son budget. Les bénéfices réalisés doivent être par ailleurs partagés par moitié entre l'État et le directeur. Ce système qui oblige à la rentabilité éloigne en même temps du service public et explique, s'il ne la justifie pas, la course au succès et conséquemment le manque d'audace du premier directeur.

Caricature d'Olivier Halanzier par Alfred Le Petit.

Halanzier recherche d'ailleurs sans cesse des moyens de faire rentrer l'argent dans les caisses : c'est ainsi que, profitant de la curiosité suscitée par le nouveau bâtiment, il institue un droit de visite dans la journée de 2,50 F ; c'est ainsi aussi qu'il n'hésite pas à réemployer les mêmes décors voire les mêmes costumes pour deux ouvrages différents ; c'est ainsi encore qu'il loue à l'année les loges construites sur la scène, de part et d'autre du cadre, et qui sont théoriquement réservées aux membres du gouvernement. C'est ainsi surtout qu'il relance la tradition des bals de l'Opéra, le premier étant organisé un mois juste après l'inauguration, le 8 février 1875 sous les auspices de la maréchale Mac-Mahon. Il y en aura d'autres, malgré les critiques des mélomanes. Le 13 janvier 1877, l'orchestre sera dirigé par Johann Strauss en personne qui fera bien sûr s'achever la soirée par une valse : *Le beau Danube bleu.*

Autre source de profit enfin pour l'industrieux Halanzier : les galas. On y joue les musiques les plus diverses, fragments d'opéras et de ballets, extraits de concertos, marches, chœurs, airs à succès ; la musique de la Garde républicaine côtoie l'orchestre de l'Opéra ; les toilettes les plus somptueuses s'exhibent dans les loges, dans les couloirs et au Foyer pendant les entractes qu'on fait durer le temps nécessaire... Ce mélange de musique sans peine et de mondanités fastueuses fait recette. Halanzier se frotte les mains : la fin justifie les moyens. D'ailleurs, soyons honnêtes, plus d'un siècle après, cela a-t-il beaucoup changé et les soirées de gala à l'Opéra sont-elles si différentes de ce qu'elles sont sous le règne d'Halanzier ? Simplement la destination des bénéfices a changé : aujourd'hui, il s'agit d'aider au rayonnement de l'Opéra de Paris en participant par exemple à l'organisation de tournées à l'étranger ; à l'époque, il s'agit simplement de faire grimper les profits du directeur — et de l'État qui en reçoit 50 pour cent. Mais la réussite commerciale d'Halanzier lui est en fait fatale. Injustement d'ailleurs. Les passions s'aiguisent déjà à et autour de l'Opéra : c'est une tradition qui perdurera !

Toujours est-il que son mandat n'est pas renouvelé, à son grand regret. Il est nommé Grand-croix de la Légion d'honneur (à cette occasion, le Ballet se cotise pour lui offrir une croix en diamants) mais son règne s'achève le 14 juillet 1879 — avec une représentation des *Huguenots* : Halanzier est resté fidèle à Meyerbeer.

Chapitre six

Un théâtre à la recherche de son répertoire

Le décret qui nomme le second directeur de l'Opéra paraît au *Journal officiel* du 19 mai 1879: il s'appelle Emmanuel-Auguste Vaucorbeil.

Mais avant de le suivre dans l'aventure périlleuse dans laquelle il se lance, observons un instant, à présent qu'il fonctionne régulièrement, le mode de vie de cet Opéra. Chacun connaît maintenant son poste, sa loge, son local ou son bureau. Les spectacles se succèdent sans accroc, mis en branle par une armée dont un petit nombre seulement est visible, celui qui recueille les applaudissements du public. Et pourtant, combien de corps de métier concourent à la toujours miraculeuse réussite d'une soirée d'opéra: les voir défiler devant la loge du concierge, c'est déjà se rendre compte de cette sédimentation formidable permettant de faire émerger ce qui, ce soir, fera le plaisir des habitués mais aussi l'émerveillement de celui-ci, de celle-là qui, pour la première fois, pénètre dans ce grand temple de l'Art.

Ceux qui font aussi l'Opéra

Charles Nuitter, dans son passionnant ouvrage sur *Le Nouvel Opéra* nous y invite mieux que personne: «Tout d'abord arrivent les *machinistes,* qui viennent achever la mise en état de la décoration. Il y en a soixante-dix, et souvent ce nombre est augmenté.

Emmanuel-Auguste Vaucorbeil; dessin de Henri Meyer.

Dans *L'Africaine,* à l'acte du vaisseau, la manœuvre
des dessous exigeait l'adjonction de quarante char-
pentiers.

« Avec les machinistes viennent les *tapissiers* de la
scène, spécialement chargés de la pose et de l'arran-
gement des tapis, draperies, etc., qui peuvent faire
partie du décor; puis les *gaziers,* les *lampistes* qui se
répandent dans toutes les parties de la scène et de la
salle pour allumer des milliers de becs de gaz. Leur
travail ne commence qu'après l'arrivée du détache-
ment de *sapeurs-pompiers* spécialement chargé du
service de la représentation. Ceux-ci vérifient si tous
les appareils sont en bon état et se placent chacun à
leur poste. On éclaire alors le théâtre, où de simples
becs entourés d'une toile métallique ne jetaient
qu'une lueur incertaine.

« Des hommes se présentent à l'entrée des artistes. Ils passent par groupes de cinq, un billet à la main, sous la surveillance du concierge et d'un personnage qui n'est autre que le *chef de claque.* Les *claqueurs* introduits dans la salle bien avant le public vont occuper leur place au centre du parterre, tout prêts à faire éclater leur enthousiasme au signal de leur chef.

« Voici venir les *garçons de théâtre,* les *avertisseurs,* qui doivent aller dans les loges prévenir les artistes lorsque approche le moment de leur entrée. Les *ustensiliers,* qui doivent disposer les objets de toute sorte nécessaires à la mise en scène : les dés et les cornets avec lesquels va jouer Robert le Diable, les coupes et les mets dressés sur les tables de *L'Empereur Sigismond,* les livres de magie de *Faust,* et tant d'autres accessoires dont l'énumération emplirait un volume.

« Les *habilleuses,* les *tailleurs,* les *coiffeurs* montent dans les loges des artistes ou dans les postes qui leur sont réservés. Dans la journée, on a fait ce qu'on appelle la *mise en loge,* c'est-à-dire que l'on a rangé dans chaque armoire toutes les parties du costume que chacun, depuis le premier artiste jusqu'au dernier comparse, doit trouver sous sa main quand viendra le moment de s'habiller. Coiffures, barbes, moustaches, maillots, vêtements de toute sorte, chaussures, armures, etc., ce sont des milliers d'objets qu'il faut disposer méthodiquement. Quand une indisposition survenant au dernier moment nécessite un changement de spectacle, tout ce travail doit être fait à nouveau, tout doit être méthodiquement déplacé et remplacé ; aux pourpoints, aux toques des *Huguenots,* il faut substituer les robes de moine, les manteaux de *La Favorite,* ou les péplums et les voiles d'*Alceste,* pendant qu'en même temps sur le théâtre les machinistes remplacent le *château de Chenonceaux* par les *jardins de l'Alcazar* ou par le *temple d'Apollon.*

« Voici des gens, les uns en veste, les autres en blouse, qui entrent en remettant un jeton de cuivre au concierge, et défilent, ainsi que les claqueurs, sous la surveillance de leur chef. Ce sont les *comparses*. Il y en a un certain nombre qui sont payés à l'année. Les femmes comparses en font partie, mais la masse des hommes est recrutée au dernier moment. Ce sont pour la plupart des ouvriers qui, une fois leur journée finie, viennent chercher au théâtre un supplément de paye. Ils connaissent les exigences de chaque spectacle et suivent les indications de l'affiche. Quand il faut peu de peuple ou peu de soldats, ils viennent en petit nombre. Quand *La Juive* est annoncée, ils viennent en foule se présenter au chef, qui les choisit pour grossir les rangs du cortège. C'est une des industries spéciales de Paris. Ils entrent, ils s'habillent et manœuvrent ensuite sous la conduite de chefs de peloton qui sont au courant de la mise en scène. On affirme que, pendant les premières représentations de *L'Africaine,* des amateurs intrépides, ne pouvant à aucun prix trouver place dans la salle, se firent comparses pour entendre l'œuvre de Meyerbeer ; et en effet, à cette époque, on put souvent, sous le costume d'un figurant, entrevoir du linge dont la finesse et la blancheur inaccoutumées semblaient attester que le recrutement de la figuration s'était opéré dans d'autres classes de la population.

« Tout le personnel des choristes, *hommes, femmes et enfants,* arrive à son tour et monte s'habiller. C'est encore une centaine de personnes ; puis, pour les ouvrages où le ballet est en scène dès le commencement, comme *Guillaume Tell, Faust,* etc., on voit entrer tout le personnel des danseuses, personnel doublé par la présence des mères, qui ont le droit d'accompagner leurs filles, et des caméristes qui suivent les premiers et les seconds sujets.

« A leur heure sont arrivés les *régisseurs,* les *chefs de chant, des chœurs,* le *souffleur.*

Les régisseurs de la danse, les chefs et sous-chefs des chœurs ont à constater les absences, à pourvoir aux remplacements. Les tailleurs et les habilleuses en sont immédiatement prévenus, afin d'ajuster pour l'un le costume qui devait servir pour l'autre.

« Les *artistes du chant* sont montés dans leur loge.

La plupart tiennent à arriver d'avance afin de s'habiller, de faire leur figure à loisir et de pouvoir poser leur voix et s'exercer convenablement avant d'entrer en scène; femmes de chambre ou valets de chambre sont venus avec eux et partagent avec l'habilleur ou l'habilleuse le soin de préparer le costume et de l'ajuster.

«Le défilé n'est pas terminé. Les *musiciens de l'orchestre,* à leur tour, se rendent à leur poste, jetant dans la cour, avant d'entrer, le reste de leur cigarette. Ils montent dans leur foyer, prennent leurs instruments dans leur armoire, mettent une cravate blanche et passent à l'orchestre.

«Est-ce tout? Non, et, selon les différents ouvrages, des employés spéciaux passent encore devant la loge du concierge.

«Les *écuyers* amenant leurs chevaux, qu'un ascenseur va hisser au niveau de la scène.

«Les *électriciens,* chargés de disposer les piles électriques, d'en diriger la lumière suivant des indications précises et conformément aux exigences de la mise en scène.

«Les *hydrauliciens* pour les ouvrages comme *La Source,* par exemple, où il est fait usage d'eau naturelle. Il faut disposer les appareils, brancher les tuyaux, s'assurer que tout sera prêt à fonctionner au moment où l'eau doit jaillir du rocher.

«Les *artificiers,* allant préparer l'incendie du *Prophète,* les flammes du bûcher d'Azucena, ou les rangées de pétards qui, au dénouement des *Huguenots,* produisent le bruit des fusillades.

«Il y a encore le *mécanicien et ses aides.* C'est lui qui est chargé de préparer la coupe de *Faust,* dont la liqueur doit paraître s'enflammer, au moment où un ressort pressé par l'artiste met une substance chimique en contact avec un acide. C'est lui qui, dans *La Favorite,* donne à Fernand l'épée qu'il va briser au pied du roi; c'est lui encore, dans les ballets où les danseuses sont costumées en abeilles, en oiseaux, en insectes divers, qui ajuste sur les corsages les ailes transparentes.

«Il y a aussi les *fleuristes,* qui viennent garnir de

fleurs artificielles le parterre du jardin de Marguerite...

« Il y a... il y a enfin tous ceux qui peuvent concourir à l'exécution et réaliser pour le public les conceptions de l'auteur, les fantaisies du metteur en scène, personnel qui varie à l'infini, car on peut dire qu'il n'est pas d'industrie, pas de science même à laquelle on ne puisse avoir recours. »

Mais cette parfaite organisation et hiérarchisation de l'activité de l'Opéra passe aussi bien sûr par une direction qui imprime sa marque. Après le retrait d'Olivier Halanzier, on voit donc Emmanuel-Auguste Vaucorbeil prendre les rênes de l'Opéra. Aussi courtois et calme qu'Halanzier était coléreux, il fait excellente impression sur le personnel qui apprécie sa finesse distinguée, sa connaissance de la musique aussi (il a été élève de Cherubini au Conservatoire et a même composé quelques ouvrages dont un opéra-comique sur un livret de Victorien Sardou et Karl Daclin, *Bataille d'amour,* joué Salle Favart en 1869). Il n'a que cinquante ans et, nommé pour sept ans, on peut espérer qu'il va donner à l'Opéra un essor propre à lui conférer la stature artistique en rapport avec les ambitions que semble recéler le bâtiment. D'autant qu'il entretient aussi en amont d'excellentes relations avec Jules Ferry, alors président du Conseil.

Fils d'un comédien estimé du Théâtre du Gymnase, Ferville, Emmanuel-Auguste Vaucorbeil est un habitué des coulisses, de la scène, des théâtres. Il a de plus foi dans sa mission comme il le déclare au moment de sa nomination : « Je ne vais pas à l'Opéra pour y gagner de l'argent, mais pour y rendre des services artistiques, et pour y restaurer la tradition de travail, complètement perdue. Je veux remettre l'Opéra en possession d'un répertoire digne de lui, par le nombre, l'importance et la variété des ouvrages de tous les temps et de toutes les écoles. Avant toute chose, je veux affirmer mes tendances et mon drapeau, en reprenant l'*Armide* de Gluck : ce sera là mon premier acte de directeur. »

Hélas! il y a loin de la coupe aux lèvres. *Le Figaro*, par la plume d'Auguste Vitu, le note cruellement quelque temps plus tard : « La tradition de travail n'a pas été restaurée, au contraire... quant à la pauvre *Armide*, elle continue à dormir d'un sommeil léthargique. »

C'est que le cher Vaucorbeil est une sorte de gentil rêveur, artiste dans l'âme assurément, administrateur sans doute pas. S'il parvient à remettre un peu de discipline dans la troupe, exigeant un minimum de présence aux répétitions, limitant la pratique des « cachetons » à l'extérieur, il laisse partir un directeur musical de la valeur d'un Charles Lamoureux, il

Caricature de Charles Lamoureux parue dans
La Revue illustrée.

baisse les bras devant les gourmandises financières démesurées de ses stars, il manque de cette indispensable autorité qu'exige la direction d'une entreprise aussi vaste et aussi multiforme.

On doit pourtant à Vaucorbeil un exploit : il réussit à convaincre Verdi de revenir à Paris malgré le peu d'appétence que le maestro entretient pour ce qu'il nomme irrévérencieusement « la Grande Boutique ». Halanzier a déjà essayé en vain de faire représenter à l'Opéra de Paris l'*Aïda* que Camille du Locle et Charles Nuitter (l'archiviste-bibliothécaire de l'Opéra de Paris) ont traduite en français. Vaucorbeil à peine nommé se met en route pour Sant'Agata, la résidence de Verdi, où il arrive le 3 octobre. L'accueil du compositeur, qui apprécie la courtoisie et le sens musical du nouveau directeur de l'Opéra, est très cordial. Les deux hommes ont de longues discussions sur la musique, son évolution, les problèmes des opéras, du chant... et Vaucorbeil, habilement, entre deux conversations, parvient à ses fins. Verdi s'en repent aussitôt, mais c'est trop tard. Et c'est tant mieux pour l'Opéra de Paris où *Aïda* est créée le 22 mars 1880 avec Gabrielle Krauss dans le rôle-titre et le compositeur lui-même au pupitre. La qualité musicale est remarquable, de l'aveu même de Verdi pourtant peu tendre ; les décors sont somptueux d'exactitude archéologique, les temples reconstitués selon les conseils du grand égyptologue français Gaston Maspéro ; et Verdi a même accepté d'écrire l'indispensable ballet qui ravit les Parisiens. Le succès est immense : il ne se démentira plus. Quatre ans plus tard, le 18 octobre 1884, on atteint à l'Opéra la centième d'*Aïda* !

Durant son mandat, Vaucorbeil va d'ailleurs offrir aux mélomanes quelques autres plaisirs, avec les reprises du *Comte Ory* de Rossini, sans grand succès d'ailleurs, et de *Sapho* de Gounod, dirigée par le compositeur lui-même, avec Gabrielle Krauss bien sûr en tête de distribution : triomphe sans partage cette fois. Et, à la différence d'Halanzier, il va oser quelques créations de jeunes compositeurs français, Massenet avec *La Vierge* sous la direction du compo-

Le décor de Lavastre jeune pour la première représentation
*d'*Aïda *au Palais Garnier, en 1880.*

siteur, avec Gabrielle Krauss; Charles-Marie Widor avec son ballet *La Korrigane*, Saint-Saëns avec *Henry VIII* (et Gabrielle Krauss), sans oublier les compositeurs français déjà reconnus, Lalo avec son ballet *Namouna* ou Ambroise Thomas avec *Françoise de Rimini*. Quelques événements vont encore marquer le passage de Vaucorbeil au Palais Garnier : le 14 juillet 1881 d'abord, on inaugure une pratique qui se perpétuera jusqu'à nos jours, celle de la matinée gratuite à l'occasion de la Fête Nationale ; et puis cette même année 1881 voit surtout deux innovations technologiques à l'Opéra. D'abord, après qu'on a créé avec succès le 1er avril le nouvel opéra de Gounod, *Le Tribut de Zamora*, on procède le 18 mai à sa retransmission par téléphone, dans les magasins de décors de la rue Richer d'où Vaucorbeil est le premier à l'écouter.

Mais la révolution la plus importante est répétée le 15 octobre lors d'un gala avant de s'accomplir définitivement le 17 : c'est l'irruption de l'éclairage électrique à l'Opéra. Dès le grand escalier, une lumière blanche éblouit les élégantes ; au Foyer une lumière plutôt jaune pâle luit ; la salle aussi est inondée de ce nouvel éclat qui garnit également le

87

*Caroline Salla, créatrice du rôle de Françoise de Rimini
dans l'opéra d'Ambroise Thomas*

lustre de ses lampes à incandescence. Quelques
conservateurs bien sûr bougonnent contre la nouveauté mais la majorité est emballée par cette innovation. Le gaz a vécu.

Ne demeurera de son souvenir qu'un terme encore
en vigueur aujourd'hui, celui de *jeu d'orgues*, qui
désignait l'appareil où convergeaient tous les tuyaux
permettant de moduler par le jeu des robinets
d'alimentation l'éclairage de la scène.

Malheureusement pour Vaucorbeil, ces innovations ne remplissent pas les caisses de l'Opéra. La
curiosité pour une salle neuve s'est réduite, le réper-

toire ne se renouvelle guère (*Faust* continue d'alterner avec *Les Huguenots*), les chanteurs non plus : la soprano Gabrielle Krauss tient encore en 1884 les premiers rôles, comme à l'inauguration en 1875, toujours avec ce feu dramatique qui la caractérise et que Théophile Gautier exalte avec lyrisme : « Qu'elle était belle, la grande artiste, pâle comme le marbre des monuments qui l'entouraient, les prunelles dilatées, les cheveux épars, la bouche entrouverte, la chair frissonnant au contact du tombeau » ; et autour d'elle le baryton Jean Lassalle, la basse Jean-Baptiste Faure, la contralto Rosine Bloch et un jeune baryton Pedro Gailhard dont on va reparler, assurent régulièrement les principaux rôles.

Gabrielle Krauss ; dessin de M. Rosé d'après une photographie de Nadar.

Le déficit se creuse : de 130 895 francs en 1882, il dépasse les 400 000 francs à la fin 1884. La caution est dépensée. L'Opéra risque la faillite. La barbe du malheureux Vaucorbeil s'allonge, grisonne : l'heure du verdict approche, les commanditaires se font pressants. Le dénouement sera aussi inattendu que terrible : le 2 novembre Emmanuel-Auguste Vaucorbeil, miné par une infection intestinale qui s'était développée à cause de son état dépressif, meurt brutalement. *Le Figaro* écrit : « Cette sensibilité, qui lui faisait partager les chagrins des autres, il la ressentait pour son compte personnel, dans les profondeurs intimes de l'être ; elle l'a consumé lentement d'abord, puis foudroyé. »

Après un mois d'administration intérimaire par M. des Chapelles, le gouvernement nomme le nouveau directeur de l'Opéra de Paris, les nouveaux directeurs plus exactement, puisqu'ils sont deux, Eugène Ritt et Pedro Gailhard, qui prennent leurs fonctions le 1er décembre 1884.

Chapitre sept
1884 : l'Opéra fin de siècle

Eugène Ritt est un ancien comédien qui n'a jamais fait parler de lui par ses exploits sur les planches mais a su faire fortune dans la vente de sangsues mécaniques et de viande à la criée aux Halles. C'est sans doute grâce à cet argent amassé qu'il peut en 1859 prendre la direction du Théâtre de l'Ambigu, lequel se porte fort bien et fait des recettes qui contribuent à arrondir le pécule de M. Ritt. Sur cette lancée il se retrouvera quelques années plus tard à la direction de l'Opéra-Comique, prélude aux fonctions qui lui échoient en cette fin de 1884.

Pedro Gailhard, lui, est un homme du sérail : c'est une des voix célèbres sur la scène de l'Opéra et, à trente-six ans, ce Toulousain à l'accent prononcé (qui a troqué son prénom de Pierre pour celui, plus exotique, de Pedro), s'est fait une réputation sur la scène de l'Opéra-Comique où il a débuté en 1867 à dix-neuf ans dans le rôle de Falstaff du *Songe d'une nuit d'été*. Après la guerre, on le retrouve à l'Opéra de la Salle Le Peletier, sous la direction d'Halanzier, où il débute dans le Méphistophélès du *Faust* de Gounod, avant de tenir tous les grands rôles du répertoire de basse. Enfin, il s'essaie avec succès à la mise en scène en montant, au Théâtre des Italiens, *Les Amants de Vérone*. Et comme c'est un homme dont la faconde méridionale est la marque d'un grand cœur, il a su se rendre populaire en organisant en juillet 1875 une collecte à l'Opéra en faveur des inondés du Midi.

La réunion de ces deux personnalités fort différentes est une heureuse idée : ils sont suffisamment complémentaires (ce n'est pas par hasard qu'on les appelle le blanc et le noir — en référence à la barbe blanche de Ritt et au teint basané de Gailhard) pour s'entendre bien, au mieux de leurs intérêts. D'autant que l'administration, assez traumatisée par l'énormité du déficite creusé par Vaucorbeil, a donné comme mission prioritaire aux deux compères de réaliser une gestion saine. Dans cette ambiance, le duo, astucieux, a obtenu facilement de ne pas avoir à partager un éventuel bénéfice avec l'État; le souvenir du déficit de ces dernières années semble faire de cette clause une simple question formelle. L'imprévu, c'est qu'ils réussissent très vite à faire des profits, dégageant bientôt un bénéfice annuel de quelque 300 000 francs — auquel s'ajoutent, selon le cahier des charges négocié par eux-mêmes, une rémunération de 25 000 francs à titre de salaire ainsi que deux fois 8 000 francs pour frais de voiture et pour indemnité de logement pour le premier et une rémunération de 20 000 francs pour le second.

Mais comment font donc ces Laurel et Hardy pour redresser la barre et les finances de l'Opéra en si peu de temps?

Eugène Ritt et Pedro Gailhard.

En fait, forts de la quasi-carte blanche dont ils jouissent s'ils redressent les finances de l'Opéra, Ritt et Gailhard utilisent des recettes qui pour efficaces qu'elles s'avèrent ne sont sans doute pas les plus adéquates pour redorer le blason un peu défraîchi de l'Opéra de Paris, en même temps qu'elles ne sont qu'un cautère provisoire sur un mal plus profond qu'il n'y paraît. Ils limitent donc les représentations populaires à prix réduits, diminuent les dépenses de décors, les cachets des chanteurs — et pour cela n'hésitent pas à se séparer de vedettes comme Gabrielle Krauss, remerciée sans élégance après qu'elle a assuré vaillamment pendant dix ans la gloire de l'Opéra. Parallèlement, ils augmentent le prix des places. En même temps ils ne débordent pas d'audace dans la programmation: c'est sous leur règne qu'on célébrera la centième de *Coppélia*, la cinq-centième de *La Juive* et de *Faust*.

Du côté des créations à l'Opéra, on relèvera en 1885 *Rigoletto* de Verdi et deux ouvrages qui vont révéler quelques nouvelles voix, *Sigurd* de Reyer avec Rose Caron (la créatrice de l'œuvre à Bruxelles, imposée par Reyer lui-même avec l'appui de... Clemenceau, rien moins!) et *Le Cid* de Massenet avec Fidès Devriès, les frères Édouard et Jean de Reszké, deux remarquables chanteurs d'origine polonaise dont la sœur, Joséphine, s'est déjà brillamment illustrée sur la scène de l'Opéra où elle a notamment créé Sita du *Roi de Lahore* de Massenet. L'un, Jean, est un ténor à la voix d'airain (il a débuté comme baryton) qui, de Faust en Radamès ou de Roméo en Lohengrin, enflamme le public à la fois par ce timbre — premier contact, physique, d'une voix avec l'oreille du public — mais aussi par un style raffiné où la nuance expressive différencie le chanteur d'un hurleur. L'autre, Édouard, est une basse qui a débuté à Paris en créant le Roi d'*Aïda* sous la direction de Verdi auquel il avait été recommandé par l'éditeur Léon Escudier; Verdi le réengagera d'ailleurs pour créer Fiesco dans la version définitive de son *Simon Boccanegra*.

En 1888, la création à l'Opéra de *Roméo et Juliette*,

La création de Roméo et Juliette *à l'Opéra (1888) avec Jean de Reszké et Adelina Patti, sous la baguette de Charles Gounod lui-même.*

Gounod étant au pupitre, amènera au Palais Garnier, aux côtés des frères Reszké, la grande Adelina Patti que Pedro Gailhard est allé en personne chercher à Londres ; en 1889 ce sont deux grandes sopranos qui feront leur apparition sur la scène de l'Opéra, Félia Litvinne (de son vrai nom Françoise-Jeanne Schütz) dans des reprises des *Huguenots*, de *L'Africaine* et *La*

Juive, et surtout l'extravagante Nellie Melba dans *Hamlet* ou *Lucia di Lammermoor* abandonnée depuis 1866 et qu'on remonte spécialement pour elle, avant *Faust* et *Rigoletto* en 1890.

C'est pourtant en juin 1890 que *Le Figaro*, sous la plume d'Albert Delpit, dans un retentissant article, La « *Question de l'Opéra* », dresse un violent réquisitoire contre le tandem directorial : « Je me permets de le dire très haut : je parle ici, non seulement au nom des compositeurs, mais au nom de mes confrères, au nom du public. Nous en avons assez de MM. Ritt et Gailhard. Comme la direction de l'Opéra a manqué sur beaucoup de points importants à son cahier des charges, j'estime qu'il y a lieu de la jeter carrément par-dessus bord. Ces messieurs ont gagné de l'argent ; l'art musical a perdu sa dignité. »

Nellie Melba interprétant Violetta
dans La Traviata *de Verdi.*

Wagner à l'Opéra:
une tempête posthume

Néanmoins, et c'est à mettre à l'actif du duo, en 1891, la création à l'Opéra du *Lohengrin* de Wagner est un véritable événement musical et sociologique. Rose Caron, Ernst van Dyck, Maurice Renaud et Francisque Delmas sous la direction d'un wagnérien de la première heure, Charles Lamoureux: distribution brillante et assurément nécessaire pour faire passer alors la «pilule-Wagner».

On se souvient du retentissant scandale de *Tann-häuser* à la Salle Le Peletier. Wagner aussi s'en souvient et c'est avec tout le fiel de son ressentiment accumulé qu'il publie au lendemain du désastre de Sedan un pamphlet imbécile: *Une Capitulation*. Celui-ci ne le grandit pas mais contribue assurément à propager l'animosité, et même pour certains la haine nauséeuse, que nombre de Français entretiennent à son égard, d'autant que l'Allemagne occupe alors l'Alsace et la Lorraine et que le thème de la Revanche demeure très populaire. Wagner le Prussien n'est donc pas en odeur de sainteté.

Pourtant vingt ans après la guerre, Ritt et Gailhard, observant la progression de la wagnérophilie dans l'Europe entière, constatant l'indéniable génie musical du compositeur, assurés de plus qu'il est bien le musicien de l'avenir (donc aussi — Ritt et Gailhard, on l'a dit, ont le sens du commerce — qu'il remplira les salles), décident de monter Wagner (mort depuis huit ans déjà). Le choix se porte sur *Lohengrin*. Un tollé accueille la nouvelle: campagne de presse, manifestations (dont une organisée par le journal *La Revanche*) essaient de s'opposer au projet. Finalement, la première est fixée au 16 septembre 1891.

Dès 18 heures, la place de l'Opéra est envahie par des manifestants qui crient: «A bas la Prusse!» On vend une édition spéciale de *Patrie*: «La France insultée.» La cavalerie doit libérer le passage pour les spectateurs qui se pressent, conscients de s'apprêter

96

La première page du journal La Revanche *à l'occasion de la création de* Lohengrin.

à vivre un moment historique : certains ont payé leur place au marché noir jusqu'à cinquante fois son prix ! Finalement, malgré les bousculades que la police doit réprimer plusieurs fois de suite, le public, auquel se sont mêlés nombre de policiers en civil, est en place pour le début du spectacle à 20 h 30. Dehors la manifestation continue ; la circulation est bloquée par la foule. La cavalerie doit charger : quelques femmes sont piétinées, quelques glaces volent en éclats, de nombreux manifestants sont interpellés. A 23 h 30, un nouveau bataillon de manifestants reformé tente encore une fois de forcer les portes de l'Opéra : la cavalerie charge à nouveau. Nouvelles interpellations ; ce seront près de mille personnes qui seront ainsi emmenées pour vérification d'identité et relâchées dans la nuit.

Pendant ce temps, à l'intérieur, mis à part un jet de boules puantes depuis les dernières galeries, la représentation se déroule sans incident, et remporte un sensationnel triomphe : Wagner a enfin trouvé

97

l'oreille des mélomanes français. Le mouvement sera irréversible.

C'est sur ce coup d'éclat que s'achève, trois mois plus tard exactement, le mandat d'Eugène Ritt et Pedro Gailhard, dont le bilan est loin d'être négatif : rétablissement de finances saines, fût-ce au moyen de méthodes un rien « purgatives », arrivée de voix nouvelles, développement du répertoire — à partir, il est vrai, d'une assise des plus conservatrices, qui fera écrire à Romain Rolland, un peu injustement néanmoins : « En dépit du changement du goût et des campagnes de presse, l'Opéra est resté jusqu'à ce jour le théâtre de Meyerbeer et de Gounod ainsi que de leurs disciples. Un tel théâtre ne compte plus dans l'histoire de la musique française. »

Leur successeur est Eugène Bertrand qui s'adjoint le chef d'orchestre Édouard Colonne comme directeur musical. Agé de 57 ans, Eugène Bertrand s'est essayé à la direction de théâtre en Amérique d'abord puis à Lille et enfin au Théâtre des Variétés qu'il administre depuis vingt-trois ans quand lui échoit la responsabilité du Palais Garnier. Belle carte de visite donc pour le fringant directeur, belle prestance, moustache en crocs, qui séduit d'emblée en annonçant un programme particulièrement attractif, avec nombre de créations, d'*Otello* aux *Maîtres Chanteurs* ou de *Samson et Dalila* à *Mefistofele*.

Hélas, comme souvent, les programmes les plus hautement clamés mesurent cruellement l'écart avec leur réalisation : Bertrand crée *Salammbô* de Reyer et *Samson et Dalila* de Saint-Saëns en 1892, tous deux sous la direction d'Édouard Colonne, mais il met aussi en œuvre une reprise inopportune, celle des déficits.

A tel point que quinze mois après le début de son mandat, on rappelle Pedro Gailhard pour qu'il reprenne la direction de la scène, c'est-à-dire, en fait, la direction artistique, comme il l'assurait avec Eugène Ritt. Ses goûts et l'inspiration générale de sa politique n'ont guère évolué : perpétuation du réper-

Caricature du chef d'orchestre Édouard Colonne.

toire de grand opéra français qui plaît au public, développement du répertoire italien, verdien essentiellement dans de spectaculaires mises en scène, poursuite de la découverte du répertoire wagnérien.

C'est ainsi que dès sa reprise de pouvoir à l'Opéra, il initie, le 6 mai 1893, la première audition de larges extraits de *Das Rheingold* (*L'Or du Rhin*) de Wagner commentés par la belle Mendès, avec un simple accompagnement au piano par Raoul Pugno et... Claude Debussy, pour servir d'introduction à la création la semaine suivante, de *Die Walküre*. Une *Walkyrie* un peu trop rognée au goût des wagnériens : de peur d'effaroucher un public qu'on craint déjà indisposé par l'absence de chœurs et surtout de ballet, on a taillé dans les monologues, dans le duo Wotan-Brünnhilde et on a même supprimé la « *Todesverkundigung* » (*l'Annonce de la Mort*). Mais le succès dépasse les prévisions escomptées ; Lucienne Bréval, la nouvelle venue de 23 ans qui deviendra l'une des plus grandes wagnériennes de cette fin de siècle et créera à l'Opéra Eva des *Maîtres Chanteurs* et Kundry de *Parsifal*, est une magnifique Walkyrie et la mise en scène de Raoul Lapissida est unanimement louée. Elle regorge en effet de trouvailles particulièrement ingénieuses dont le clou est sans conteste celui de la célèbre *«Walkürenritt»* (*Chevauchée des Walkyries*) pour laquelle des danseuses costumées en vierges guerrières agitent haut leurs lances, à cheval sur des destriers de bois propulsés sur des montagnes russes à quelque neuf mètres du plancher, au milieu de voiles sur lesquelles on projette des nuages. Grand effet !

Dans son prosélytisme wagnérien, Pedro Gailhard convainc Eugène Bertrand, un an après avoir fêté la centième de *Lohengrin* (28 mars 1894), de reprendre ce *Tannhäuser* qui a tant fait scandale lors de sa création à la Salle Le Peletier en 1861 : on y retrouve Lucienne Bréval, Rose Caron, Ernst van Dick, Francisque Delmas, la distribution de *La Walkyrie* ; la mise en scène est à nouveau signée Raoul Lapissida, et le triomphe est aussi grand que pour *La Walkyrie*. Deux ans plus tard, le même Lapissida est appelé à mettre en scène une nouvelle création wagnérienne, *Les Maîtres Chanteurs*.

Pendant la direction Bertrand-Gailhard, on crée un nouvel opéra de Massenet, *Thaïs*, d'abord mal accueilli (« Il n'y a pas de musique dans *Thaïs*... mais il faut ajouter qu'il n'y a pas non plus de pièce dans *Thaïs*», écrit un critique) malgré la présence de la belle soprano américaine Sybil Sanderson ; on crée aussi une série d'œuvres de Chabrier, Bruneau ou Guiraud. Et puis surtout on découvre enfin l'*Otello* de Verdi, donné le 12 octobre 1894 en présence du compositeur auquel le président de la République Casimir Périer remet le grand cordon de la Légion

Sybil Sanderson à la création de Thaïs
de Massenet, en 1894.

d'honneur avant de le faire acclamer à l'issue de la
représentation par une salle enthousiaste. C'est
Albert Saleza qui, à 27 ans, tient le rôle-titre; Rose
Caron, à la demande insistante de Verdi, chante
Desdemona et Victor Maurel est Iago comme à la
création à la Scala. Enfin l'inévitable Raoul Lapissida
a réalisé la mise en scène — mise en scène qui sera
conservée pour toutes les reprises d'*Otello* à l'Opéra
jusqu'au... 7 mai 1966!

Des ateliers pour les décors

Hélas deux événements tragiques marquent aussi cette période. Le premier a lieu le 6 janvier 1894 : un bal masqué réunit des milliers de danseurs à l'Opéra dans une atmosphère joyeuse quand, soudain, se répand parmi les cotillons la rumeur d'un incendie, non pas à l'Opéra — on s'en rendrait compte — mais dans ses magasins de décors, rue Richer. Ces locaux, dont l'exiguïté a été sans cesse dénoncée par les administrations successives, sont en outre bien mal

L'incendie du magasin de décors en 1894 ; illustration de Tofani dans Le Petit Journal.

pratiques puisque c'est là que sont entreposés (il serait plus juste de dire entassés) les décors d'une trentaine d'opéras dans la poussière et les moisissures. Quatre pompiers périront dans le sinistre et il ne restera rien ni des décors ni des magasins qui les abritaient depuis 1851.

Peut-être est-ce le moment de s'interroger sur le fait que Garnier n'ait pas prévu dans l'enceinte même de l'Opéra un magasin de décors! Comme il n'a d'ailleurs pas non plus prévu d'ateliers de construction de décors! Aurait-il oublié cet « accessoire » non négligeable des spectacles?

En fait il semble plutôt que l'architecte n'ait pas trouvé sur place l'espace nécessaire à leur construction; ce n'est que quelques années après l'inauguration de l'Opéra qu'on s'avise de commander à Charles Garnier la construction d'ateliers de fabrication de décors, sur un emplacement situé alors à la périphérie de Paris, qu'on appelle aujourd'hui le boulevard Berthier, entre les boulevards extérieurs et les anciens talus des « fortifications ».

« Ce qu'il y a de particulièrement remarquable dans cet ensemble de bâtiments, souligne Jean-Loup Roubert, l'actuel architecte en chef de l'Opéra de Paris, c'est qu'ils ont été pour Garnier l'occasion de montrer qu'il savait aussi construire du bâtiment industriel, et pas seulement des surcharges de stuc et d'or. »

Réunissant des ateliers de fabrication très vastes, (1 330 m² pour la menuiserie, 1 150 m² pour la serrurerie, 1 040 m² pour la décoration) et des magasins de stockage (de 4 430 m²), les ateliers de Berthier sont aujourd'hui à la fois indispensables bien sûr à l'activité de l'Opéra de Paris et fort mal pratiques à cause de leur éloignement du Palais Garnier, ce qui nécessite des transports longs et coûteux dans des camions-remorques spécialement aménagés. Le futur Opéra-Bastille devrait posséder des ateliers de construction intégrés ainsi que des magasins de stockage sur place: on ne peut que s'en réjouir!

L'autre événement tragique de cette période intervient le 20 mai 1896. On joue ce soir-là *Hellé*, un opéra d'Alphonse Duvernoy créé le mois précédent. Soudain, un fracas terrible retentit depuis le plafond... Lisons la relation de l'événement dans les *Annales du Théâtre* :

« Un accident terrible s'est produit ce soir pendant la représentation d'*Hellé*. Il était exactement neuf heures moins trois minutes. Le premier acte touchait à sa fin. On venait de bisser la romance de Mme Caron, quand un bruit formidable se fit entendre. En même temps, une vive lueur apparaissait, rapide comme un éclair et était suivie d'un nuage de poussière qui montait du haut de la salle jusqu'au cintre. Tout d'abord on crut à une explosion ou à quelque attentat anarchiste. Les spectateurs se précipitèrent vers les issues. Mais avec un admirable sang-froid, Delmas, Mme Caron et les chœurs qui se trouvaient en scène, demeurèrent à leur place, espérant par leur calme rassurer le public. Ils réussirent en effet, vis-à-vis des spectateurs du rez-de-chaussée et des deux premiers étages. Mais en haut, à l'amphithéâtre des quatrièmes où s'était produite la prétendue explosion, l'affolement était considérable, on se bousculait et des spectatrices essayaient d'enjamber la balustrade pour sauter dans la salle. Les gardes les empêchèrent, les guidèrent vers la sortie, et, grâce à eux aucun nouvel accident n'arriva. Pendant ce temps, M. Lapissida, régisseur général de l'Opéra, avait fait, toujours très posément, retirer le personnel en scène et après avoir affirmé au public qu'il n'y avait rien à craindre, avait fait baisser le rideau. L'amphithéâtre évacué, ce qui n'avait demandé que deux ou trois minutes, on s'occupa des blessés — car il y avait des blessés. On n'en trouva d'abord que cinq ou six qui se plaignaient seulement de contusions et d'une violente commotion. Ils purent quitter la salle pour aller recevoir des soins. On commençait à espérer que l'accident n'aurait pas de suites trop graves quand des cris attirèrent l'attention d'un des gardes municipaux. Il revint sur ses pas et trouva une femme engagée sous une poutre, qui avait été blessée à la jambe et à l'œil droit par la chute de la poutre sous laquelle elle se trouvait prise. En même temps, une jeune fille, la figure ensanglantée, se mit à réclamer à grands cris sa mère qui, disait-elle, était sous les décombres. En cherchant, on aperçut, dans une excavation creusée dans le plancher de la galerie et recouvert par des blocs de fonte, le cadavre horriblement mutilé d'une femme d'un certain âge. C'était celle que la jeune fille réclamait, Mme Chomette, âgée de cinquante-six ans, concierge, 12, impasse Briaire, 7, rue Rochechouart. Pendant que les agents faisaient des fouilles pour voir s'il n'y avait pas d'autres cadavres, on s'aperçut qu'un commencement d'incendie venait de se déclarer dans la toiture. Les pompiers de service, bientôt assistés de ceux de la rue Blanche, en eurent facilement raison. Jusqu'à présent, on ignorait ce qui était arrivé et d'où provenait l'accident. En retirant le cadavre de Mme Chomette, on s'en rendit compte. Il avait été causé par la chute d'un des contrepoids du lustre. Le grand lustre central de la salle est soutenu par huit cordes en fil de fer de la grosseur du poignet et dont chacune a, à son extrémité, un contrepoids pesant environ sept cents kilos. Chaque contrepoids a ce poids énorme, afin qu'en cas de rupture d'un ou de plusieurs fils le lustre reste toujours soutenu. Or, le long de l'un des fils, glissant dans une sorte de boyau, appelé en langage de théâtre "cheminée", se trouvait un câble servant à l'éclairage électrique. Par usure, un contact s'était produit, le câble électrique s'était enflammé, et l'étincelle violente qui avait jailli avait fondu le fil qui soutenait le contrepoids. L'énorme masse, dégringolant dans la "cheminée", avait défoncé d'abord le plafond, puis le plancher de la cinquième galerie en un point où il n'y avait heureusement personne, était venu broyer les fauteuils 11 et 13 de la quatrième galerie occupés par Mme Chomette et sa fille, et avait encore démoli le parquet au-dessous d'elles avant de s'arrêter. C'est également la chute du contrepoids qui, en arrachant le coupe-circuit, avait causé le commencement d'incendie.»

Le 3 août 1898, on apprend la mort de Charles Garnier : son Palais, sans s'attarder plus que cela à la célébration de sa mémoire, la perpétue en poursuivant son activité.

Fin 1889, quelques semaines après la création le 15 novembre de *La Prise de Troie* de Berlioz — un pan seulement de ces *Troyens* qui, en 1989, n'ont toujours pas été créés dans leur version intégrale au Palais Garnier —, Eugène Bertrand meurt brutalement d'une congestion pulmonaire. Pedro Gailhard reste seul et le 4 mai 1900 un arrêté du ministère de l'Instruction publique et des Beaux-Arts prolonge de six ans son privilège, lui accordant cette direction exclusive qu'il convoitait depuis si longtemps.

Il peut, sans avoir à partager la décision, poursuivre sa politique selon des règles à présent bien établies : *Le Prophète* ou *Les Huguenots* (dont on fête la millième le 21 mars 1903) d'une part, *Faust* d'autre part (dont on célèbre la millième le 28 juillet 1905), quelques créations de compositeurs français, de Leroux à Massenet (*Ariane*) en passant par Reyer ou Vincent d'Indy dont *L'Étranger* est créé le 4 décembre 1903 dans une soirée où il est couplé avec la création à l'Opéra de *Die Entführung aus dem Serail* (*L'Enlèvement au Sérail*) de Mozart ; et puis la continuation de la mise à jour du continent wagnérien. Après *Lohengrin, La Walkyrie, Tannhäuser* ou *Les Maîtres Chanteurs*, régulièrement repris, on crée à l'Opéra *Siegfried* en 1901 et *Tristan et Isolde* en 1904.

Pedro Gailhard accueille aussi quelques grandes vedettes dont la star du Met de New York, Geraldine Farrar, qui vient le 18 mai 1905 chanter les deuxième et cinquième actes de... *Faust*.

Mais à l'expiration de son privilège en 1906, on le flanque d'un codirecteur en la personne de Pierre-Barthélémy Gheusi avant de le pousser à la retraite un an plus tard, à son grand dam puisqu'il se voyait encore bien à la tête de l'Opéra pour de nombreuses années.

Durant cette année de double commande avec Gheusi, peu d'événements marquants sinon cinq concerts de musique russe dirigés par Arthur Nikisch et Nicolaï Rimsky-Korsakov lui-même et négociés avec un jeune imprésario qui s'appelle... Serge de Diaghilev (à noter au programme des concerts, quelques pages du *Prince Igor* et de *Boris Godounov* chantées par un jeune chanteur de 34 ans, Feodor Chaliapine), la création du *Prométhée* de Fauré sous la direction du compositeur, et l'entrée à l'Opéra (pour une unique représentation de gala) de *Carmen* le 29 décembre 1907.

Et puis, indépendamment de la politique artistique menée par la direction, un événement qui passe alors inaperçu a lieu le 1er février 1907 : la Commission de l'orchestre se réunit pour décider de l'emplacement définitif du pupitre du chef d'orchestre.

Félia Litvinne.

Celui-ci était jusque-là assez variable mais le plus souvent près du trou du souffleur, une partie des musiciens se trouvant par conséquent dans le dos du chef, qui se retournait par ailleurs vers le public pour diriger les ouvertures. A partir de 1907, donc, la position du chef d'orchestre sera fixe, telle que nous la connaissons aujourd'hui.

Et l'année 1907 se poursuit d'une *Walkyrie* à des *Huguenots* en passant par un *Tristan et Isolde*, tous trois avec Félia Litvinne et d'un *Roméo et Juliette* à un *Tannhäuser* avec Geraldine Farrar.

Pourtant l'avisé Pedro Gailhard a commis (au moins) une erreur : celle de poursuivre de sa vindicte Rose Caron, la protégée de Clemenceau. A peine est-il arrivé au gouvernement que Pedro Gailhard est remercié. Son temps de toute façon est passé.

Chapitre huit

De Messager à Rouché : l'avant-guerre

Pour lui succéder, un nouveau tandem formé du compositeur et chef d'orchestre André Messager et de Leimistin Broussan s'installe aux commandes en 1908, en principe jusqu'au 31 décembre 1915. Les succès des *Deux pigeons* ou de *Véronique*, le prestige du créateur de *Louise* de Charpentier et surtout de *Pelléas et Mélisande* de Debussy (dont il est le dédicataire), l'activité menée à la tête de l'Opéra-Comique et surtout du Covent Garden de Londres font d'André Messager un des premiers directeurs de grande envergure du Palais Garnier.

A ses côtés, Leimistin Broussan, administrateur à succès du Théâtre de Lyon, le complète, semble-t-il, au mieux.

Ils seront en place jusqu'à la Première Guerre mondiale et vont œuvrer pendant ces six années à une sorte de rénovation à la fois du répertoire et de l'esprit de la Grande Maison. Est-ce à dire que tout ira pour le mieux entre les deux hommes ? Hélas non : ils ne s'estiment guère et leur alliance tactique est sujette à nombre de tiraillements dus à leur peu d'atomes crochus, personnels autant qu'intellectuels. Les deux responsables parviennent pourtant à mettre sur pied un programme en cinq points dont l'ambition représente une sorte de pari qui sera finalement à peu près tenu. On jouera donc durant leur mandat les chefs-d'œuvre de l'opéra français du XVIIIe siècle, tel l'*Hyppolyte et Aricie* de Rameau (réorchestré par

Vincent d'Indy, présenté dès le mois de mai 1908); on jouera en second lieu « les ouvrages unanimement admirés », ce qui laisse un champ assez vaste, reconnaissons-le (et permet d'ouvrir le 25 janvier 1908 avec... *Faust*!); on jouera encore des « drames lyriques et des ballets nouveaux », ce qui est bien le moins qu'on puisse attendre; on jouera bien sûr le répertoire wagnérien; et on inaugurera une saison hors-abonnement consacrée aux compositeurs étrangers: c'est ainsi que le 19 mai 1908 la Troupe de l'Opéra Impérial de Moscou vient avec toutes ses forces vives (et parmi elles, dans le rôle-titre, ce Chaliapine déjà entendu l'année précédente en concert) présenter *Boris Godounov* de Moussorgsky dont la révélation

Féodor Chaliapine, créateur du rôle de Boris Godounov au Palais Garnier en 1908. Couverture du journal Le Théâtre.

est un choc pour les mélomanes parisiens. Chaliapine devient aussitôt une vedette, avec sa «puissance tragique, servie par un organe harmonieux et flexible, doublée par sa sobriété de gestes et d'accents», ainsi que l'écrit le critique Louis Laloy.

Les six années du règne bicéphale de Messager et Broussan vont être très vite empoisonnées par les querelles intestines qui opposent les deux directeurs, chacun s'efforçant d'évincer l'autre. Inévitablement des clans se forment dans le sillage de ces deux frères ennemis: cela ne contribue guère à la bonne marche d'un Opéra qui, s'il retrouve l'audace de la création, n'y puise pas la prospérité financière.

On crée *Die Götterdämmerung* (*Le Crépuscule des dieux*) en 1908, *L'Or du Rhin* en 1909 et enfin en juin 1911 on donne deux séries de *La Tétralogie* dans son entier dirigées l'une par Felix Weingartner, l'autre par Arthur Nikisch, deux autres cycles seront joués en 1912 et 1913. Le dernier chef-d'œuvre du panthéon wagnérien, *Parsifal*, est créé le 4 janvier 1914 avec Lucienne Bréval et Paul Frantz.

On découvre aussi un premier ouvrage de Strauss à l'Opéra, *Salomé*, le 6 mai 1910 avec dans le rôle-titre Mary Garden, cette chanteuse écossaise qui a créé quelques années plus tôt le rôle de Mélisande sous la direction d'André Messager. On retrouvera

Le décor de Salomé *de Strauss à la création, par Rochette et Landrin.*

d'ailleurs plusieurs fois Mary Garden à l'Opéra pendant le règne de Messager, dans *Roméo et Juliette* et dans *Faust* de Gounod aussi bien que dans *Monna Vanna* d'Henry Février ou *Thaïs* de Massenet.

Mais on ne crée pas que dans le répertoire allemand : les Français ne sont bien sûr pas oubliés et de *Javotte* ou de *Dejanire* de Saint-Saëns à *Bacchus* ou à *Roma* de Massenet, de *La Damnation de Faust* de Berlioz à *Fervaal* de d'Indy en passant par nombre d'œuvres de compositeurs plus mineurs, on affiche maintes nouvelles partitions.

Le répertoire italien est lui aussi renouvelé : si *Rigoletto* de Verdi tient toujours le haut du pavé (83 représentations en six saisons, dont une série en juin 1908 avec Nellie Melba et le mythique Caruso et deux autres en 1911 et 1912 avec le plus grand baryton verdien de l'époque, Titta Ruffo), on découvre aussi en 1912 lors d'une visite de l'Opéra de Monte-Carlo la grande Elvira de Hidalgo (qui sera plus tard le professeur de Callas) dans *Le Barbier de Séville* aux côtés, rien moins, de Titta Ruffo et Feodor Chaliapine ; on crée *La fanciulla del West* (*La Fille du Far-West*) de Puccini avec Carmen Melis, Caruso et Titta Ruffo sous la direction de Tullio Serafin ; on reprend l'inévitable *Rigoletto* avec Caruso et Titta Ruffo et on crée le *Mefistofele* de Boïto avec Chaliapine encore ! Un feu d'artifice !

Messager et Broussan multiplient d'ailleurs les invitations : après l'Opéra Impérial de Moscou, ce sont les Ballets Russes qui amènent sur la scène de l'Opéra en 1909 Nijinski, Pavlova et Karsavina, avec entre autres une *Giselle* dansée par le couple sublime formé par Tamara Karsavina et Vaslav Nijinski : on rêve !... Ils reviendront en 1910 et en 1911, Nijinski et Karsavina créant le 24 décembre le fameux *Spectre de la Rose*. Et en mai 1914, ils présentent *Josephslegende* (*La légende de Joseph*) de Richard Strauss, le compositeur étant lui-même au pupitre, avant l'éblouissement du *Coq d'Or* de Rimsky-Korsakov et *Petrouchka* de Stravinsky, ces deux œuvres sous la direction de Pierre Monteux et dans une chorégraphie de Folkine. Et c'est soudain une renaissance pour le ballet après son quasi-abandon par Pedro Gailhard qui ne s'y intéressait guère.

La conséquence en sera la nomination dès le 13 septembre 1911 d'Ivan Clustine comme Maître de Ballet et l'essor nouveau d'un Ballet où brillent la grande Carlotta Zambelli et le beau danseur Albert Aveline.

Autre institution étrangère invitée, le Metropolitan Opera de New York qui en juin 1910 donne un gala dirigé par Toscanini lui-même et réunissant quelques dieux du chant d'alors, de Caruso bien sûr à Geraldine Farrar ou d'Olive Fremstad à Leo Slezak. A côté des institutions, nombre de stars viennent pendant cette période se produire sur la scène du Palais Garnier, de Selma Kurz à Frieda Hempel ou de Maria Kouznietzoff à... Mistinguett qui, lors d'un gala en 1912, crée à l'Opéra une mémorable « Valse chaloupée » !

La période de la direction Messager-Broussan se révèle donc profuse, riche artistiquement. Il n'en est que plus regrettable qu'elle soit gâtée par les intrigues internes, minée par les grèves, les rivalités administratives. Au bout de onze mois, Messager démissionne, écœuré, mais reprend sa démission quelques jours plus tard. Pourtant, il va se dépenser sans compter pour faire aboutir son projet artistique et pour rénover l'esprit d'une maison encore tourné vers le xixe siècle. Un exemple parmi d'autres : Messager, d'accord en cela avec Broussan, décide d'abolir la claque, tradition entretenue depuis des lustres. Cette pratique, qui consiste à masquer une note difficile par un battement de mains nourri et bien placé semble normale aussi bien aux compositeurs qu'aux chanteurs. Il y a néanmoins loin de la volonté à sa réalisation : si la claque est abolie en droit à l'Opéra en 1908, nul ne saurait affirmer que telle ou telle explosion d'enthousiasme surgissant des quatre coins de l'orchestre demeurera innocente... et gratuite des années durant encore...

Mais André Messager, malgré d'indéniables réussites va quitter l'Opéra plein d'amertume. Sur le plan financier, on l'a dit, l'échec est patent : les dettes

113

s'accumulent, elles atteignent 1 400 000 francs en 1914! Bien sûr, il met cet échec sur le dos de son associé, et vice versa. Le ministère a de toute façon bien compris qu'il va falloir se séparer de ce couple boiteux. Les consultations commencent donc dès 1913. Dans les coulisses du pouvoir, les candidatures ne manquent pas, plusieurs configurations sont envisagées, on songe même à rappeler l'inusable Gailhard (qui sait se rappeler lui-même au bon souvenir des gouvernants).

C'est finalement un certain Jacques Rouché que le Conseil des ministres du 30 octobre 1913 désigne comme futur directeur : il devra prendre ses fonctions le 1er janvier 1915.

Mais, humiliation inutile ou négligence incroyable, on a oublié de prévenir personnellement les directeurs en activité du nom de leur successeur, qu'ils apprennent dans les journaux. Ulcéré, André Messager présente aussitôt sa démission au ministre de l'Instruction publique et des Beaux-Arts, qui ne l'accepte pas.

Il doit poursuivre son mandat, assurer la création de *Parsifal* en janvier 1914 et achever sa mission pour laquelle, on le lui rappelle, beaucoup d'argent a déjà été dépensé. Ce n'est finalement que le 10 juillet que Messager et Broussan annoncent donc qu'ils se retirent en septembre : Jacques Rouché est prêt à prendre son poste en avance...

Mais le 28 juin, l'archiduc François-Ferdinand a été assassiné à Sarajevo. Le 31 juillet, *Faust* est annulé à l'Opéra. Le 1er août, la mobilisation générale est décrétée. Le 3 août, l'Allemagne déclare la guerre à la France.

Chapitre neuf

La Victoire en chantant

Jacques Rouché vient donc d'hériter d'un Opéra fermé pour cause de guerre : la mobilisation générale a raflé les deux tiers des musiciens, un quart des chanteurs, la moitié des machinistes et des électriciens. Jacques Rouché, déjà accueilli avant son installation avec scepticisme pour cause d'amateurisme en matière de direction de théâtre, voit se lever devant lui un nouvel obstacle : l'impossibilité de monter dans des conditions normales ne serait-ce que l'esquisse d'une saison. Lui qui veut prouver non seulement le bien-fondé de ses théories en matière d'art théâtral moderne mais encore sa capacité à « travailler à la restauration de l'art français », est pour l'heure forcé à une manière d'inactivité — ce qui ne le résout pas pour autant à l'inaction.

C'est sans doute essentiellement lié à sa personnalité, mais une chose le pousse : il veut faire justice de ces sourires en coin qui ont accueilli sa nomination et ses premières déclarations jugées soit présomptueuses, soit frappées de l'inconscience propre aux débutants.

En effet, Jacques Rouché n'est pas du sérail. Né à Lunel le 16 novembre 1862 — il a donc 52 ans quand il prend la direction de l'Opéra de Paris —, Jacques Rouché « a fait Polytechnique ». Nanti de cette carte de visite prestigieuse, il se lance dans une carrière industrielle où il réussit brillamment. Propriétaire par sa femme de la maison Piver, il a des ambitions du côté du théâtre et des arts en général (il a postulé, sans succès, à la direction du Théâtre de l'Odéon),

Jacques Rouché.

mais comprend qu'il lui est nécessaire d'asseoir au préalable sa fortune sur une véritable réussite industrielle. Prenant en main sa maison de parfum, il lui donne un essor et une dimension qui lui confèrent à la fois une sorte de notabilité industrielle, des relations au plus haut niveau — le commerce et l'industrie ne vont jamais sans frayer, on le sait, avec le pouvoir politique —, et surtout un compte en banque plus qu'appréciable.

A partir de 45 ans, son succès commercial établi, Jacques Rouché veut à nouveau prendre pied dans le monde des arts. Il rachète donc *La Grande Revue* (si son argent provient du commerce des parfums, il n'en a pas pour autant d'odeur) et fréquente ainsi les intellectuels qui vont lui donner accès à ce monde qui le fascine : à *La Grande Revue*, le critique musical s'appelle Romain Rolland, le critique dramatique Léon Blum et le chroniqueur des Beaux-Arts, Maurice Denis !

Mais Jacques Rouché ne veut pas être que le patron ou le banquier, il veut être reconnu comme un intellectuel : il publie donc en 1910 un volume, *L'Art théâtral moderne* où il a rassemblé les éléments de ses réflexions en matière de théâtre et de mise en scène. Le livre obtient un certain retentissement dans les milieux « branchés » de l'époque. Gide même exprime son admiration. Dans la foulée, et l'argent aidant, Jacques Rouché prend le contrôle du Théâtre des Arts, boulevard des Batignolles, où il entreprend de mettre en œuvre ses conceptions modernistes, n'hésitant pas à utiliser les ressources nouvelles de l'électricité pour bouleverser l'art du décor et de la mise en scène. Il multiplie les déclarations d'intention (« Il faut simplifier et synthétiser le décor en l'adaptant étroitement aux situations » ; « Il faut styliser le décor par des recherches de rythmes et effets plastiques »...) et les met en acte. Le Théâtre des Arts devient un lieu d'avant-garde. Charles Dullin, Jacques Copeau, Louis Jouvet y débutent. Mais la musique y tient la première place. C'est là que Ravel crée *Ma Mère l'Oye*. C'est là aussi qu'on (re)découvre des œuvres oubliées, écrasées par les grandes machines du XIXe siècle, *L'Incoronazione di Poppea* (*Le Couronnement de Poppée*) de Monteverdi ou l'*Idomeneo* de Mozart, des extraits d'opéras de Lully ou de Rameau... C'est là qu'on reprend des œuvres dont Rouché estime qu'elles n'ont pas été appréciées à leur juste mesure, telle *Une Éducation manquée* de Chabrier, jamais reprise depuis sa création en 1879. L'élite parisienne se toque de ce théâtre au style nouveau. La candidature de Jacques Rouché à l'Opéra de Paris y trouve un appui non négligeable, que sa fortune contribue à garantir avantageusement.

On songe d'abord à lui confier l'Opéra en tandem, avec Gailhard, mais il ne veut pas partager. Discrètement mais obstinément, il sait faire le siège des antichambres ministérielles, utiliser ses relations, se faire apprécier, développer ses analyses en matière d'opéra et assurer l'État de son répondant : il emporte l'adhésion.

Aussitôt nommé, il entreprend une tournée d'informations auprès des plus importants directeurs d'opéras en Allemagne et en Russie, y glane nombre de renseignements pratiques qui lui seront utiles. Il est prêt.

La guerre va malheureusement refroidir ses premières ardeurs. Il lui faut parer au plus pressé : donner à l'Opéra un semblant d'existence au milieu d'une période peu propice et dans des conditions matérielles diamétralement opposées à ses desseins. Qu'à cela ne tienne ! Puisqu'on ne peut jouer à l'Opéra, fermé, Rouché, avec l'aide de ceux qui ont échappé à la mobilisation, monte trois matinées lyriques au Théâtre du Trocadéro : le 16 février 1915, il présente *Ma Mère l'Oye* de Ravel, le 11 mars c'est *L'Offrande à la Liberté* (époque oblige !) et le 29 avril, il parvient à donner l'inusable *Faust*, symbole même de l'Opéra.

Mais l'État, tout entier accaparé par l'effort de guerre n'a pas d'argent pour payer les musiciens. Qu'importe, Rouché les paie sur sa cassette personnelle ! L'État, on s'en doute, apprécie et commence à se féliciter du choix de ce directeur prodigue.

Finalement, Paul Painlevé donne son accord à la réouverture du Palais Garnier, le 9 décembre 1915, pour des matinées. Rouché entreprend de monter une série de cinq spectacles composés d'extraits «de ce que la musique de théâtre a produit de plus remarquable» : des musiques de Lully, Luigi Rossi ou Monteverdi, de Cherubini ou d'Auber, de Rameau, de Gluck ou de Pergolèse qui servent donc de supports musicaux à des évocations historiques du XVIIIe siècle. En même temps, Saint-Saëns vient diriger *La Marseillaise* et *La Gloire*, un chœur de sa composition où le nécessaire pompiérisme patriotique de temps de guerre trouve à résonner bruyamment. Et, de passage à Paris sur la route de l'Amérique, les Ballets Russes de Diaghilev dansent le 29 décembre 1915 *L'Oiseau de Feu* sous la direction de Stravinsky lui-même avec Leonide Massine et Tamara Karsavina.

Enfin, à partir du 11 mai 1916, Rouché peut reprendre les spectacles en soirée: c'est *Samson et Dalila* qui inaugure cette renaissance d'un Opéra presque « comme avant ». Les autres piliers du répertoire, *Faust, Thaïs* et autres *Rigoletto* vont pouvoir à nouveau alterner, à l'exclusion, bien sûr de Wagner. L'année 1916 est aussi celle des débuts à l'Opéra d'une chanteuse de 26 ans qui ne fait pas encore d'éclat, que ce soit dans le *Chant de la Cloche* de d'Indy avec lequel elle fait ses premiers pas sur la scène du Palais Garnier ou dans les *Faust* et *Roméo et Juliette* où elle se produit les mois suivants: elle s'appelle Germaine Lubin.

Les représentations retrouvent doucement leur rythme pour cette poignée de privilégiés épargnés par les problèmes d'alimentation et peu préoccupés de l'avenir. On exhorte pourtant les habitués à la décence, proscrivant les toilettes trop luxueuses, Jacques Rouché allant même jusqu'à déclarer, non sans une certaine hypocrisie rhétorique: « Ce n'est pas dans un but de réjouissance qu'il convient d'aller entendre de la musique mais dans une pensée de solidarité! »

L'année 1917 voit d'ailleurs le débat s'envenimer, d'aucuns se demandant s'il est bien moral de continuer de tolérer de donner des divertissements luxueux à l'Opéra tandis que les poilus pataugent dans la boue des tranchées. Mais la querelle, un rien poujadiste, comme on ne dit pas encore, tourne court: la population a des soucis plus cruels et n'a guère le loisir de se passionner pour ce type de polémiques. D'autant que les plus sensés se demandent si l'on adoucirait vraiment la condition des poilus de Verdun... en rendant chômeurs quelques travailleurs de plus.

On se doute que durant ces années de guerre, les créations n'affluent pas et si l'on joue pour la première fois le 22 mars 1917 *Maria di Rohan* de

Donizetti (ce sera d'ailleurs aussi la dernière fois!) ou le ballet de Stravinsky *Les Abeilles* que le compositeur dirige lui-même, on les fait alterner avec des œuvres de circonstance, telle *La Victoire en chantant*, qui ont un petit parfum d'alibi.

1918: la guerre s'est intensifiée. Le canon tonne autour de Paris. Quelques spectacles sont perturbés ou interrompus. On placarde une affiche qui indique les abris possibles à l'intérieur du Palais Garnier en cas de bombardement. Le 21 mars, on donne pourtant *Castor et Pollux* de Rameau (avec Germaine Lubin); le 1er avril *Faust* est rythmé par l'éclatement des obus; le 25 mai on crée la *Rebecca* de César Franck. Mais les bombardements redoublent. Le 10 juin le gouvernement décrète la fermeture de tous les théâtres.

Chapitre dix

1918-1939 : l'ère Rouché, un âge d'or

Novembre 1918 arrive enfin, la guerre est finie. Une semaine avant la signature de l'armistice de Rethondes, l'Opéra rouvre ses portes. Marthe Chenal chante en prologue *La Marseillaise* (que huit jours plus tard, jour de l'armistice, elle chantera sur le péristyle de l'Opéra, enroulée dans le drapeau tricolore !), puis reprend avec succès le rôle de *Thaïs*.

Très vite commencent d'innombrables grèves. La CGT, en plein essor, fait découvrir aux différents corps de salariés de l'Opéra les bienfaits de la lutte syndicale. Impossible d'énumérer toutes les revendications dont est assailli Jacques Rouché durant les années 1919 et 1920 ! Pourtant les syndicats finissent par abuser : ne réclament-ils pas soudain une limitation du nombre des artistes étrangers engagés à l'Opéra ? Ce malthusianisme chauvin est la goutte d'eau qui fait se raidir le malheureux directeur et suspendre les négociations... La grève est cette fois encore déclenchée ; nous sommes le 13 octobre.

Ce sera l'épreuve de force quarante-trois jours durant. Jacques Rouché vaincra et, le 3 décembre, le rideau se lève à nouveau sur *Faust*, bien sûr !

L'année 1921 est marquée par deux initiatives de Jacques Rouché : la création de l'abonnement de quinzaine d'abord, où sont proposées aussi bien des œuvres connues que des créations. L'abonné y gagne une image de mélomane ; il n'est plus assimilé à ces notables dont le Foyer de la Danse est le lieu de prédilection. La seconde initiative est l'engagement comme régisseur général de Pierre Chéreau qui durant vingt ans sera l'âme de ce plateau où vont se succéder des dizaines d'ouvrages différents.

Avant d'entamer leur collaboration, Jacques Rouché, réputé pour ses conceptions nouvelles et originales en matière scénique, expose à Chéreau la façon dont il envisage sa fonction: «Depuis plusieurs années, à l'exemple des Russes qui ont trouvé cette idée dans les Mémoires des metteurs en scène du XVIIIe siècle, on a adjoint au régisseur général un peintre qui peut, à certains moments, non seulement indiquer les modifications nécessaires à la mise en scène au point de vue des couleurs, éclairages, costumes mais encore ce qui peut lui être utile pour le groupement des gestes des artistes. La mise en scène du théâtre de l'Opéra telle que je la conçois [...] est une œuvre anonyme à laquelle collaborent le directeur, le régisseur général, le chef de service artistique ou le peintre.» Les deux hommes se mettront d'accord et Jacques Rouché se garde ainsi la liberté d'inviter des metteurs en scène au coup par coup, de même que des décorateurs sans que le régisseur général ne puisse se croire propriétaire de ce territoire qu'est la scène.

Jacques Rouché engage encore, trois ans plus tard, un directeur musical, le chef d'orchestre Philippe Gaubert. Ainsi, malgré les tensions permanentes et les éclats entre le directeur musical et le directeur de la scène que Jacques Rouché s'emploiera en permanence à adoucir, l'Opéra possédera vingt ans durant une structure de base solide, compétente, dévouée — la clef d'une réussite.

Mais l'événement musical de cette année 1921 est incontestablement en juin la création des *Troyens* de Berlioz. Bien sûr les puristes berlioziens arguent du fait que cette création est celle d'une version mutilée: sans doute, car les dimensions de l'œuvre avaient alors quelque peu effrayé. Il n'en demeure pas moins que l'effort de réhabilitation d'une œuvre maudite porte là ses fruits — et le public applaudit. Enfin

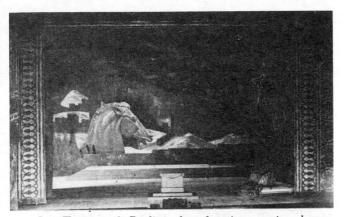

Les Troyens *de Berlioz, dans la mise en scène de Merle-Forest, en 1921.*

Lucy Isnardon, interprétant Cassandre dans Les Troyens.

l'année 1921 s'achève avec la «création» au Palais Garnier d'*Hérodiade*, un opéra de jeunesse de Massenet (créé en 1881 à Bruxelles) que Fanny Heldy, entrée à l'Opéra l'année précédente et déjà star, souhaite interpréter.

Encore un Massenet en 1922, *Griselidis*, mais surtout la création tardive de deux chefs-d'œuvre, *Falstaff* de Verdi et... *La Flûte enchantée* de Mozart. Les spectateurs de l'Opéra n'en connaissent jusqu'alors que l'adaptation-défiguration proposée sous le titre *Les Mystères d'Isis* (mêlant de la musique de Haydn à celle de Mozart!). En 1922 enfin ils peuvent découvrir, en français mais dans son intégralité, l'œuvre de Mozart sous la baguette du grand mozartien Reynaldo Hahn. En 1922 encore, *Le Martyre de saint Sébastien* de Debussy sur un livret de Gabriele D'Annunzio permet à Ida Rubinstein les déferlements chorégraphiques puissamment symbolistes dont elle a le secret.

En 1923, la création de *La Khovantchina* de Moussorgsky voisine avec celle de *Padmâvatî*, l'exotique opéra d'Albert Roussel et, pour Noël, avec un nouveau Massenet qui entre . au Palais Garnier, *Esclarmonde*. C'est aussi l'année où à l'occasion du ballet de Polignac, *Chimères*, Loïe Fuller, la danseuse qui fascine Mallarmé, fait sa première apparition à l'Opéra; elle y apporte ses profusions de voiles et de lumières dans un ballet réglé pour les yeux comme une sorte de show (n'oublions pas que Loïe Fuller a commencé par être danseuse à l'Olympia!)

1924 se signale d'abord à la mémoire par une mini-saison Chaliapine: la grande basse russe chante *Boris*, *La Khovantchina* et donne un récital. Mais c'est aussi l'arrivée du premier «Bal des petits lits blancs», dont le bénéfice va à l'aide aux enfants atteints de tuberculose. Manifestation fastueuse, il rassemble le Tout-Paris en grand apparat, en présence du président de la République lui-même; le décor est somptueux, le

champagne coule, les diamants scintillent ; un souper
de 500 couverts occupe tout le Grand Foyer. L'Opéra
s'affirme comme le lieu suprême des mondanités
élégantissimes.

En 1925, outre la création (pour une seule représentation) de *Tosca* de Puccini, on note l'apparition
à l'Opéra de concerts de solistes, le violoniste Jascha
Heifetz, le pianiste Alfred Cortot, en duo avec le
violoniste Jacques Thibaud ou en trio avec Jacques
Thibaud et le violoncelliste Pablo Casals. En 1926 s'y
ajouteront des récitals de violonistes tels Fritz Kreisler, Eugène Ysaÿe (avec Yves Natau au piano), du
pianiste Vladimir Horowitz ; en 1927 du pianiste
Arthur Rubinstein et du violoniste Yehudi Menuhin
en 1929. Puis des récitals de chanteurs viendront
accroître la liste, de Titta Ruffo à Lotte Lehmann en
passant par Chaliapine, Frieda Hempel, Lotte
Schöne ou Tito Schipa.

C'est aussi en 1926 que l'Opéra de Paris accueil-
lera pour la première fois *La Traviata* de Verdi avec

Fanny Heldy, dans le rôle de Violetta de La Traviata.

un couple vedette, Fanny Heldy et Georges Thill. Ce dernier, le grand ténor français de l'époque, a d'ailleurs fait la reprise d'*Alceste* de Gluck aux côtés de Germaine Lubin au début de cette année 1926.

Germaine Lubin, on la retrouve, elle, dans la distribution de création du *Rosenkavalier* (*Le Chevalier à la rose*) de Richard Strauss (en Octavian, avant la Maréchale qu'elle sera plus tard) qui ouvre l'année

Marisa Ferrer, interprétant Octavian dans
Le Chevalier à la rose *de Strauss, en 1927.*

1927, dans une mise en scène du patron, Jacques Rouché soi-même; il adore l'œuvre et ne résiste pas à la mettre en scène. Que pourrait trouver à y redire Pierre Chéreau, le spectacle étant de l'avis général fort réussi? Jacques Rouché récidivera d'ailleurs cinq ans plus tard pour un autre Strauss, *Elektra*, avec Germaine Lubin encore, dans le rôle-titre, à l'intention de laquelle Serge Lifar règle une danse finale très remarquée où elle fait figure, lit-on dans *La Volonté*, « de démente échevelée, chantant, mimant son angoisse éperdue et sa satanique allégresse avec un emportement dionysiaque ». Le spectacle est alors un triomphe. Le critique des *Nouvelles Littéraires* s'enthousiasme : « Le décor de René Piot, les mouvements de torches, la ruée passagère des serviteurs, l'ombre formidable du palais des Atrides, tout nous traduit visuellement ici cette horreur éclatante et cette nuit stridente d'éclairs, dont la musique décharge sur nous les effluves. »

En 1928, l'ultime opéra de Puccini, *Turandot* est créé, deux ans seulement après sa création à Milan, véritable progrès par rapport à *Tosca* par exemple, qui a dû attendre vingt-cinq ans pour être donné au Palais Garnier. 1928 est encore marqué par la prestigieuse visite de l'Opéra de Vienne qui vient présenter au mois de mai rien moins que huit opéras, *La Servante Maîtresse* de Pergolèse, *Tosca* de Puccini, *Fidelio* de Beethoven, *Don Giovanni* et *L'Enlèvement au Sérail* de Mozart, *Le Chevalier à la rose* de Strauss, *La Walkyrie* et *Tristan et Isolde* de Wagner, avec le gratin vocal viennois de Lotte Lehmann, Maria Jeritza, Luise Helletsgruber ou Maria Nemeth à Richard Tauber, Jan Kiepura ou Richard Mayr.

Si les créations majeures ne foisonnent pas pendant toutes ces années, on continue de reprendre les ouvrages vedette, *Faust* bien sûr tient la corde : on en fête la 1 500e en 1925 et la 2 000e en 1934; 1929 marque la 500e de *Rigoletto*; 1927 la 100e de *Paillasse* et 1930 la 100e de *Boris Godounov*; les Wagner reviennent régulièrement à l'affiche, *La*

Germaine Lubin, interprétant Elsa dans
Lohengrin *de Wagner, en 1922.*

Walkyrie demeurant le plus prisé avec *Lohengrin*.
L'opéra français également continue d'avoir de fortes
cotes, avec *Roméo et Juliette*, *Thaïs*, *Salammbô* et
Sigurd de Reyer et bien sûr *Samson et Dalila* de
Saint-Saëns, les Meyerbeer étant un peu en régres-
sion au box-office. Et l'on ne parle pas de tous les
ouvrages de Rabaud ou Pierné, de Bruneau, Tourne-
mire, Mariotte, Bloch, Février, Mazellier, Lazzari,
Canteloube, Ibert, Emmanuel, Magnard, Le Bou-
cher, Bachelet, etc.: songe-t-on qu'entre 1916 et
1932, Jacques Rouché aura présenté 86 ouvrages
différents !

1930 est une année marquée surtout, en dehors du
répertoire hebdomadaire, par une série de visites

prestigieuses: Lotte Lehmann chante *Tannhäuser*, puis Conchita Supervia, la grande mezzo espagnole, offre *L'Italienne à Alger* de Rossini; aussitôt après c'est la Philharmonic Society of New York qui vient donner des concerts sous la direction de Toscanini; quelques jours plus tard, la Philharmonie de Berlin lui succède, sous la conduite de Furtwängler. S'y enchaîne une sorte de festival Wagner. (*Tannhäuser*, *Tristan*, *La Walkyrie* avec les plus grandes voix de l'époque, Elisabeth Rethberg, Frida Leider, Maria Olszewska, Lauritz Melchior, Alexander Kipnis, Friedrich Schorr, John Brownlee!...) Et, en apothéose, au mois d'octobre, la reprise du *Chevalier à la rose* s'effectue sous la direction de Richard Strauss lui-même!

L'année 1931 verra à nouveau ces grandes voix dans *Parsifal*, *Tristan*, *Le Crépuscule des dieux*, *Tannhäuser* mais aussi dans *Otello* de Verdi où s'aventure Lauritz Melchior; la belle soprano Bidu Sayão fera sa seule apparition à l'Opéra de Paris dans *Rigoletto*.

On assiste en 1932 à la création d'*Elektra* de Strauss, mise en scène par Jacques Rouché comme on l'a dit. La Philharmonie de Berlin se produit à nouveau sous la conduite de Furtwängler, lequel Furtwängler reviendra six semaines plus tard pour diriger un mémorable *Tristan* avec Lauritz Melchior et Frida Leider. Mais le 19 août a lieu l'autre événement de cette année 1932: la retransmission du premier spectacle radiodiffusé, *Marouf* d'Henry Rabaud; le second, le 3 septembre sera la *Thaïs* de Massenet. Il est bien loin le temps des premières retransmissions par téléphone. Les ondes ont remplacé les fils. L'Opéra pénètre dans les foyers. C'est le début d'un processus qui continuera à se développer.

En 1933, outre l'annuelle visite de la Philharmonie de Berlin avec Furtwängler, on retrouve le *Tristan* de 1932 dans les mêmes conditions de distribution

Wilhelm Furtwängler et Jacques Rouché.

prestigieuse. Et Furtwängler dirige aussi une *Walky-rie* où sont réunies les stars wagnériennes que sont Frida Leider, Lotte Lehmann, Lauritz Melchior, Friedrich Schorr et Alexander Kipnis. Même luxe pour *Le Crépuscule des dieux*, *Tannhäuser* et *Lohen-grin* (ces deux dernières avec la vibrante Maria Müller). Décidément, Wagner est le héros de l'Opéra de Paris! 1933 est aussi, notons-le, l'occasion d'une nouvelle mise en scène de *La Juive* due à Pierre Chéreau qui remplace celle de Léon Carvalho en vigueur depuis 1875!...

1934: l'Opéra de Paris peut s'enorgueillir, en avril, d'aligner successivement les deux plus grands orchestres du monde, les Philharmonies de Berlin et de Vienne, avec à leur tête les deux plus prestigieux chefs de l'époque, Wilhelm Furtwängler et Bruno Walter!

Bruno Walter est déjà apparu à l'Opéra le mois précédent pour une reprise de *Don Giovanni* qui fait date, non seulement parce que la distribution réunie est particulièrement éclatante (Germaine Lubin en Anna, Gabrielle Ritter-Ciampi en Elvira, Solange Delmas en Zerlina, André Pernet en Don, Paul Cabanel en Leporello, Miguel Villabella en Ottavio et Henri Médus en Commandeur) mais surtout parce que c'est la véritable création à l'Opéra de la version originale de l'ouvrage, sans les coupures ou autres

Don Giovanni *de Mozart dans la mise en scène de Pierre Chéreau, en 1934.*

traficotages qui l'avaient défigurée. Et le succès recueilli est à la mesure de l'entreprise : la preuve est faite que le public peut et sait apprécier une œuvre dans sa vérité. On ne se croit plus obligé de la maquiller.

Un *Tristan* et des *Maîtres Chanteurs* dirigés par le grand Furtwängler avec les Frida Leider, Lauritz Melchior, Lotte Lehmann et autres Emmanuel List — et pour la première fois à Paris, le nouveau grand ténor wagnérien, Max Lorenz. Décidément Paris est bien la tête de pont du wagnérisme triomphant ! Ce qui n'empêche pas le Palais Garnier d'afficher à la fin de l'année une *Traviata* avec le miraculeux Beniamino Gigli : époque bénie !...

1935. A côté des grands rendez-vous à présent rituels, venue du Philharmonique de Vienne ou de Furtwängler pour l'annuel *Tristan*, toujours avec Leider et Melchior, on note une inflexion italienne avec une série de représentations du Teatro Comunale de Florence avec une *Norma* de Bellini où brille Gina Cigna et un *Requiem* de Verdi qui fait entendre la superbe basse Ezio Pinza, des reprises de *Rigoletto* et de *Lucia di Lammermoor* par le ravissant rossignol Lily Pons, alors vedette du Met de New York bien qu'elle soit née à Draguignan, et un *Falstaff* dirigé par Tullio Serafin avec Mariano Stabile. Du côté du répertoire français, on note aussi en cette année 1935, pour le centenaire de Saint-Saëns, une nouvelle mise en scène de *Samson et Dalila* pour la 745e, la précédente (et seule) datant de 1892 ; et puis deux créations qui, si elles ne s'intègrent jamais vraiment au répertoire, sont néanmoins deux œuvres dignes d'intérêt, l'*Ariane et Barbe-Bleue* de Paul Dukas que crée Germaine Lubin et *Le Marchand de Venise* de Reynaldo Hahn qui réunit Fanny Heldy, André Pernet, Martial Singher et Paul Cabanel. Enfin l'année s'achève avec deux concerts prestigieux, l'un dirigé par Toscanini, l'autre par le compositeur de *La Veuve joyeuse*, Franz Lehár en personne, accompagné de ses deux interprètes de prédilection, Jarmila Novotna et Richard Tauber.

132

L'Europe, pendant ce temps, commence à frémir. En Allemagne, les nazis grignotent tous les ramages du pouvoir. Mais les bruits de bottes ne résonnent pas aux oreilles des habitués. Pas plus d'ailleurs que les mouvements sociaux de 1936. En mai, les élections législatives font bouger la France. A l'Opéra, Bruno Walter dirige *Don Giovanni*, avec le grand Ezio Pinza (il l'y avait dirigé pour la première fois deux ans plus tôt, quelques semaines après les émeutes du 6 février 1934...). En juin, le Front populaire se forme, les accords de Matignon sont signés. A l'Opéra, Bruno Walter dirige *Fidelio* de Beethoven, un hymne à la liberté (est-ce volontaire?) avec Lotte Lehmann et Franz Völker. On imagine les discussions d'entracte des habitués affolés par la «vague rouge», le gouvernement de Léon Blum... Enfin le 30 juin, l'Opéra ferme, non pas pour raisons sociales ou politiques, mais pour travaux.

C'est pendant ces travaux que, dans la nuit du 12 ou 13 septembre, vers 1 heure du matin, l'Opéra retrouve un de ses vieux démons : le feu. Un incendie se déclare dans la cage de scène. Heureusement le rideau de fer est baissé et la salle est préservée. La violence du sinistre est telle qu'il faudra deux longues heures pour le vaincre.

La saison reprend donc d'abord au Théâtre Sarah-Bernhardt puis au Théâtre des Champs-Élysées pendant les travaux ; la réouverture a lieu le 21 février 1937, en présence du président de la République, Albert Lebrun, et d'un aréopage de ministres et personnalités, dont même le sultan de Java! Comme ce fut le cas le 5 janvier 1875, le spectacle de la scène retient moins l'attention des invités que celui de la salle, contenu et contenant.

Car elle a subi un «lifting» qui lui redonne l'éclat du neuf : on a repeint quelque 200 000 m² (cinquante tonnes de peinture et quatre kilos d'or y furent consacrés) ; les sièges ont été retapissés, l'éclairage amélioré. C'est ce qui est visible d'emblée. Mais les plus grandes transformations affectent les parties cachées : la cage de scène, avec un cadre mobile tout neuf, treize herses (d'un poids total de 29 tonnes), s'est particulièrement modernisée. Sous la scène, un jeu d'orgues de 38 circuits est prêt à répandre les bienfaits de lumières modulées. Et surtout on a posé pour la première fois un cyclorama, sorte de ciel mécanique (21 tonnes), constitué d'un demi-cylindre en tôle d'acier, amiante et mica que recouvre une toile azurée. Il permet de déployer toutes les variations lumineuses souhaitées pour n'importe quelle situation scénique : on y passe du jour à la nuit, du soleil à l'orage, du printemps à l'automne. Ce sera pour maintes mises en scène un élément essentiel — tendant d'ailleurs, de ce fait, à basculer dans un académisme visuel au cours des années.

On ne sera pas surpris de retrouver bientôt après cette inauguration l'habituelle Philharmonie de Berlin pour les habituels concerts dirigés par Wilhelm Furtwängler. Et qui s'en plaindrait ?

Ce n'est sans doute pas la création de *La Samaritaine*, une partition de Max d'Ollone vite recouverte par les sables du temps, ou celle même de *L'Aiglon* d'Arthur Honegger et Jacques Ibert qui engendreront une excitation comparable, malgré le dévouement des grands chanteurs qui portent ces œuvres un peu pâles. Seul événement de cette année 1937, la création d'un opéra de Wagner — car, oui, *Der fliegende Holländer* (*Le Vaisseau fantôme*) n'était jamais entré dans le vaisseau de Garnier.

N'étaient les chefs d'orchestre allemands (Furtwängler, Walter), le répertoire allemand (*Fidelio* de Beethoven et *Tristan* ou *Siegfried* de Wagner), un grand orchestre allemand (la Philharmonie de Berlin), l'année 1938 serait assez morne à l'Opéra de Paris. Et si l'on frémit en découvrant la grande voix de Kirsten Flagstad (en Isolde et en récital) ou la beauté de l'Orchestre du Concertgebouw d'Amsterdam dirigé par celui qui présidera à ses destinées durant un demi-siècle, Willem Mengelberg, c'est avant tout cette culture musicale allemande qui déferle sur l'Opéra. De l'autre côté du Rhin, pendant ce temps...

Après l'Anschluss qui rattache l'Autriche au IIIe Reich, après l'annexion des Sudètes, après les accords de Munich, les visées expansionnistes d'Hitler ne sont plus un mystère pour personne: on ne saurait échapper à la guerre. Le 11 mai, Bruno Walter donne un concert à l'Opéra avec Jacques Thibaud: hélas le symbole de ce rapprochement est encadré par deux créations aux titres prémonitoires: *Le Festin de l'araignée* d'Albert Roussel et *L'Enfant et les Sortilèges* de Maurice Ravel.

Le 23 août, le pacte germano-soviétique met la Pologne en péril.

Le 30 août, le spectacle prévu, *La Damnation de Faust*, est annulé.

Le 1ᵉʳ septembre, les troupes du petit Méphisto moustachu entrent en Pologne. C'est la mobilisation générale.

Le 3 septembre, la France déclare la guerre à l'Allemagne.

Chapitre onze

Un théâtre occupé

Les troupes allemandes s'affairent en Pologne. Pour la France, c'est la «drôle de guerre», un état de guerre sans guerre. Pendant que l'Opéra est fermé, Jacques Rouché prend la mesure des nouvelles responsabilités qui lui sont échues à la suite du décret du 14 janvier 1939 créant la RTLN (Réunion des Théâtres lyriques nationaux) qui donne à un seul administrateur la direction de l'Opéra et de l'Opéra-Comique. Mais qui, par là même, fait des deux théâtres non plus des entreprises en concession — c'est-à-dire bénéficiant d'une subvention mais devant assurer une logique privée — mais des entreprises nationalisées. Jacques Rouché devient une sorte de fonctionnaire — fût-il haut. Et on le flanque d'autres quasi-fonctionnaires[1], l'État à présent patron voulant absolument savoir où passe — mais surtout, c'est le pire, où va passer — chaque centime qu'il verse: c'est le règne des contrôleurs financiers. La bureaucratie triomphe, le dynamisme artistique en souffre: les justifications de dépense a priori entraînent un processus paperassier qui retarde la logique plus flexible du spectacle. On n'en est pas encore sorti! Pourtant, en 1939, ce nouveau statut apparaît comme un progrès.

La «drôle de guerre» se poursuivant, l'Opéra rouvre ses portes le 16 novembre. L'Opéra-Comique l'a même précédé d'un mois.

1. En fait, les personnels de l'Opéra de Paris, régis par des conventions collectives, n'ont pas véritablement un statut de fonctionnaires.

Le 17 janvier 1940 voit la 500ᵉ d'*Aïda* au Palais Garnier — mais la durée des spectacles ayant été réduite par ordre de la Défense passive, cette 500ᵉ a lieu sans fastes et avec les coupures du rôle de la Grande Prêtresse et du ballet. Le 8 mai, on crée *Médée* de Darius Milhaud avec Marisa Ferrer et Janine Micheau alors que, deux jours plus tard, le 10 mai, l'offensive allemande est déclenchée. Gamelin est balayé et remplacé par Weygand qui établit un front sur la Somme. Mais le 8 juin, le front est enfoncé. Le 9 juin, on donne à l'Opéra *La Flûte enchantée* de Mozart — pendant que les troupes allemandes foncent sur Paris. Le 10 juin l'armée allemande entre dans Paris. L'Opéra ferme. Le 14, le gouvernement est à Bordeaux. Le 17, le maréchal Pétain forme un nouveau gouvernement. Le 22 juin, l'armistice est signé.

Jacques Rouché et l'Administration de l'Opéra de Paris se sont repliés à Cahors, laissant les clefs de la Grande Maison à Serge Lifar, le Maître du Ballet, avec mission de maintenir tout en l'état. Un matin de juin d'ailleurs, le 23, l'Opéra déserté va recevoir une curieuse visite. Il est 6 heures du matin quand une douzaine d'officiers allemands en uniforme se présentent et ordonnent au malheureux pompier de service de leur ouvrir les portes. Celui-ci s'exécute et, comprenant qu'il n'a guère le choix, accompagne le petit groupe pour sa visite du théâtre. Il remarque que l'un des officiers, petit brun moustachu, semble plus intéressé que les autres; il est sans doute plus connaisseur! La visite dure près d'une heure, des loges au plateau, de la salle au Foyer. Puis les officiers regagnent leurs voitures. Quand Serge Lifar arrive, vers 9 heures, le pompier lui raconte cette visite inopinée, et lui décrit plus particulièrement le petit officier moustachu. «Comment, tu ne l'as pas reconnu? s'écrie alors Lifar. C'était Hitler!» Mais c'est à lui, à Lifar, que cette fameuse visite fera le plus de mal: on l'accusera d'avoir personnellement fait visiter à Hitler le Palais Garnier et, en 1944, ce genre de «détail» sera très dangereux...

Pourtant l'Opéra ne reste pas longtemps fermé:

obéissant au directeur des Beaux-Arts, Jacques Rouché réintègre son bureau en août (« C'est un ordre et c'est aussi mon devoir ») et la réouverture a lieu dès le 24 août avec *La Damnation de Faust.*

Le 5 septembre, le gouvernement de Vichy reconduit Jacques Rouché dans ses fonctions d'Administrateur de la RTLN : on s'en souviendra quatre ans plus tard, quand il ne fera pas bon avoir été nommé par le gouvernement de Vichy. D'autant que si l'année 1941 s'ouvre par la création du *Roi d'Ys* de Lalo, elle va se poursuivre dès le mois de mai par une concession à l'occupant qui pèsera au moment des comptes.

Car il ne s'agit plus seulement de voir le parterre envahi par les uniformes allemands : le 11 mars, c'est la troupe de l'Opéra de Mannheim dirigée par Karl Elmendorff qui vient donner *La Walkyrie.* Le même jour pourtant, Jacques Rouché, par une lettre au ministère des Finances, déclare renoncer à toucher ses appointements — ce geste sera malheureusement oublié à la Libération, avec ce manichéisme qui préside toujours aux règlements de comptes. Mais « l'occupation lyrique » ne s'arrête pas là : deux mois plus tard, on voit la troupe de la Staatsoper de Berlin venir donner *L'Enlèvement au sérail* de Mozart (avec l'éblouissant couple formé par Erna Berger et Helge Roswaenge). Et aussitôt après c'est Herbert von Karajan qui arrive à l'Opéra pour présenter *Tristan et Isolde* dans la mise en scène et avec la distribution du festival de Bayreuth 1939 — c'est-à-dire, Max Lorenz, Margarete Klose, Jaro Prohaska et, en Isolde... Germaine Lubin ! L'inconscience (ou la connivence ?) de la soprano française ne passera pas inaperçue : on s'en souviendra aussi quelques années plus tard...

Dans l'ordre des réjouissances allemandes, l'Opéra de Berlin « s'invite » pour une série de représentations de *Die Fledermaus* (*La Chauve-Souris*) de Johann Strauss — mais à l'intention seulement des Allemands stationnés à Paris. Dans le rôle d'Adele, on pourrait remarquer d'ailleurs (mais à vrai dire, on ne

*Germaine Lubin et Herbert von Karajan dans la cour de
l'administration de l'Opéra, en 1941.*

remarque guère alors) une jeune soprano de 26 ans qui s'appelle... Elisabeth Schwarzkopf!

Quoi d'autre? Un *Fidelio* de Beethoven dirigé par Hermann Abendroth avec Germaine Lubin et Georges Jouatte; un concert d'Alfred Cortot. Et puis la mort du valeureux Philippe Gaubert, le directeur musical de l'Opéra, quelques jours après la création de son ballet *Le Chevalier et la Damoiselle*.

Ainsi, cahin-caha, l'activité de l'Opéra va se poursuivre durant toute la durée de la guerre et de l'Occupation. Bien sûr les uniformes allemands sont très présents au parterre, mais nombre d'anciens habitués ont retrouvé leurs places et frayent sans vergogne avec les nouveaux maîtres. D'autres, plus discrets, persistent à venir tant ils ont besoin, quelle que soit la situation, de se bercer de voix.

En 1942, l'Opéra doit créer plusieurs œuvres allemandes, *Palestrina* de Pfitzner et deux œuvres de Werner Egk qu'il viendra diriger lui-même, un ballet, *Joan de Zarissa*, et son *Peer Gynt*, créé en 1943. L'Opéra de Cologne vient présenter *Le Vaisseau fantôme* en juillet. En mai 1943, c'est *La Walkyrie* qui réunit des artistes des Opéras de Cologne et de Vienne.

Entre-temps, l'Opéra crée *Antigone* d'Honegger, *Pénélope* de Fauré (avec Germaine Lubin); le pianiste Walter Gieseking donne un récital. Et en septembre, comme avant-guerre, on retrouve la Philharmonie de Berlin en concert, avec un nouveau chef cette fois, Hans Knappertsbusch. Parallèlement, le ballet, sous l'impulsion de Serge Lifar, est plus florissant (nous y reviendrons) que le chant. Celui-ci, à côté des spectacles invités (ou qui s'invitent!), s'enfonce dans une routine un peu morose avec des reprises sans éclat.

Une seule nouvelle étoile apparaît sur la scène de l'Opéra à l'époque, c'est la soprano Geori Boué. Elle y débute en 1942 en Marguerite de *Faust*: sa voix au timbre clair, sa silhouette blonde de star de cinéma en font très vite l'enfant chérie du public, qui la réclame pour tous les rôles de soprano.

L'Opéra continue à enchaîner reprise sur reprise : le 8 novembre 1943, c'est la 100e d'*Otello*, le 14 novembre la 100e de *La Flûte enchantée*, et le 11 février 1944 c'est la... 2 000e de *Faust* !

Pendant ce temps, les Alliés se préparent. La Résistance accroît sa pression. Le vent s'apprête à tourner. Il y a toujours autant d'officiers allemands aux soirées de l'Opéra mais certains semblent plus pensifs aux entractes. Le 6 juin, les Alliés débarquent. Les visages se tendent. La musique continue à son rythme mais les cœurs, eux, battent plus vite, que ce soit d'angoisse ou d'espoir. L'été arrive, rayonnant.

Mais, le 22 juillet, l'électricité est coupée : les représentations sont arrêtées.

Le Palais Garnier pendant la guerre, en 1944.

Un mois plus tard la bataille fait rage dans les rues. Le 16 août, la Résistance a proclamé l'insurrection.

Le 24 août, Paris est libéré.

Le lendemain, la 2e DB de Leclerc descend les Champs-Élysées.

A l'Opéra on va régler des comptes : un « Comité d'épuration » s'installe dans le Grand Foyer. Toutes les rancœurs accumulées, les haines personnelles, les petits dépits vont se mêler aux exactions réelles, aux véritables faits de collaboration pour former un chaudron passionnel qui permet à tous les refoulements de se libérer. Solange Schwarz est définitivement exclue de l'Opéra ; nombre d'autres artistes sont inquiétés, de Janine Micheau à Marisa Ferrer ou de Georges Jouatte à José Beckmans.

Bien évidemment le « cas » le plus grave est celui de Germaine Lubin. Son Isolde de 1941, ses relations courtoises avec Hitler (qui relèvent semble-t-il bien plus de l'inconscience d'une artiste complètement déconnectée de l'univers politique que d'un choix idéologique), tout se mêle pour attiser la haine contre elle : c'est le procès. Licenciée de l'Opéra, soumise à l'humiliation de la prison durant une quinzaine de jours, elle est condamnée à la dégradation nationale, à la confiscation de ses biens et à vingt ans d'interdiction de séjour. Même si les éléments de la condamnation sont ensuite quelque peu adoucis, Germaine Lubin est brisée.

Le Comité d'épuration s'active à amputer l'Opéra de nombre de ses bons éléments : il faut payer de n'avoir pas fait le bon choix, ou d'avoir été ambigu, ou de n'avoir pas choisi du tout…, ou d'avoir quelque querelle ancienne avec un membre du Comité d'épuration.

Pendant ce temps, dans son bureau, un vieil homme de 82 ans à la barbe blanche, Jacques Rouché, prépare la réouverture de l'Opéra. Après un concert de Yehudi Menuhin, et l'orchestre de l'Opéra placé sous la direction de Charles Munch, c'est avec l'éternel Gounod que le rideau se lève le 23 octobre, non pas *Faust* mais *Roméo et Juliette*, une histoire de passion et de haine… Pendant ce temps, les accusations pleuvent sur Jacques Rouché : il a choisi de maintenir l'Opéra ouvert pendant l'Occupation allemande et on assimile cette attitude à celle de Pétain, ce qui n'est pas faux. Il était, de ce fait, bien obligé d'entretenir des relations avec l'occupant. La sincérité du vieil homme n'est pas discutable ; il est évident qu'il a voulu, avant tout, défendre la cause de l'Opéra. Mais il y a eu trop de souffrance d'un côté pour accepter d'oublier tout ce qui de l'autre a pu ressembler à une compromission même s'il ne s'agissait que d'un compromis. Jacques Rouché est démis de ses fonctions. L'Opéra perd un de ses plus ardents serviteurs.

Chapitre douze

1945-1962 :
des *Indes Galantes* parfumées
aux *Carmen* somptuaires

Jacques Rouché évincé, un administrateur provisoire, M. Gadave, expédie les affaires courantes, avant la nomination d'un successeur. Le ministère va le chercher au Théâtre du Châtelet, qu'il dirige depuis 1931 : c'est Maurice Lehmann. Celui-ci, à 50 ans, a réussi à faire du Châtelet un fastueux temple de l'opérette moderne, assurant lui-même toutes les mises en scène des ouvrages qui éblouissent les provinciaux montés à Paris. Pour lui le regard prime sur l'oreille et les mises en scène doivent donc être l'élément essentiel du spectacle.

Nommé en juin 1945, il met en œuvre quelques reprises sans grand éclat, d'*Ariane et Barbe-Bleue* à *Hérodiade* en passant par le *Joseph* de Méhul qu'on n'avait pas redonné au Palais Garnier depuis 1899 et que Reynaldo Hahn dirige sans recueillir la passion des spectateurs du Palais Garnier.

En fait, l'essentiel de l'activité de l'Opéra se joue en coulisses : le Comité d'épuration n'en finit pas de continuer à traquer des ombres, l'Administration complique chaque décision à prendre, le chauffage est si déficient que les danseuses ont les membres gourds. Maurice Lehmann est désappointé : il ne s'entête pas et, lassé de surcroît par les grèves à répétition qui fleurissent dès le mois de janvier 1946, il démissionne le 20 avril — pour revenir à son cher Châtelet.

L'Opéra entre dans une zone de turbulence, où il va peu à peu laisser sa réputation, sa capacité et son public.

Pour succéder à Maurice Lehmann, on fait appel à Georges Hirsch. A 51 ans il a déjà prouvé son amour du théâtre: administrateur de l'Association des artistes de l'Opéra-Comique, il a fait tourner en province des spectacles consacrés à Mozart. Il a aussi dirigé successivement les théâtres de Saint-Quentin, Reims, Tunis et a, par ailleurs, écrit des livrets d'opérettes, fait des mises en scène; bref c'est un homme du sérail.

Pour redonner à la maison son éclat d'antan (ou ce qui peut en donner l'illusion), Georges Hirsch rétablit

Georges Hirsch entouré du professeur Monod et de Daniel-Rops.

les galas en terme de soirées : le premier a lieu le 18 octobre... avec *Faust* naturellement. Mais une soirée ne fait pas une année : l'Opéra est malade de langueur. La troupe est exsangue, les reprises, du *Coq d'Or* à *Lohengrin*, sont mornes et bâclées, dans des décors poussiéreux et des mises en place approximatives. On donne bien par-ci par-là un peu d'éclat en invitant la Scala en 1947 qui vient présenter *Rigoletto* ; on annonce Lily Pons dans *Lucia di Lammermoor* — mais elle ne vient pas et est remplacée par Solange Delmas, chanteuse maison. La seule activité réelle est dévolue au Ballet avec plusieurs créations et l'excitation provoquée par le retour de Serge Lifar (cf. l'appendice consacré au Ballet).

L'année 1948 n'est pas moins morose, à cette différence que cette fois Lily Pons traverse enfin l'Atlantique mais pour une unique représentation de *Lucia di Lammermoor* le 28 mai. Les reprises d'opéras italiens se multiplient d'ailleurs ce printemps (*Rigoletto, Aïda, Lucia*) et permettent d'entendre plusieurs fois un magnifique ténor italien, Giacomo Lauri-Volpi, qui, s'il n'est plus dans sa prime jeunesse (il a alors 55 ans) enchante toujours.

Deux grands moments pourtant en juin, la création de *Peter Grimes* de Britten par les troupes du Covent Garden de Londres avec Richard Lewis dans le rôle-titre, et une reprise de *Tristan* avec Max Lorenz, Kirsten Flagstad, Paul Schöffler et Ludwig Weber sous la direction de Georges Sebastian qui vient de débuter à l'Opéra. Une nouvelle grève des machinistes à l'automne et l'année s'achève sans autre éclat.

On retrouve l'équipe somptueuse du *Tristan* de 1948 dans *La Walkyrie* de 1949, avec surtout Lorenz et Flagstad, ces deux monstres du chant wagnérien qui dominent assurément leur génération et suscitent l'engouement des wagnérophiles. Kirsten Flagstad, l'immense Norvégienne à la voix d'airain (elle l'entretient — c'est une des attractions des coulisses à chacune de ses venues à l'Opéra — avec une fiasque de cognac que sa camériste lui tend à chaque sortie de scène) sera d'ailleurs toujours particulièrement populaire à Paris pendant les quelque quinze années où elle s'y produira régulièrement, de 1938 à 1953. Retenons aussi deux séries de *Chevalier à la rose*, dont la seconde avec la Maréchale de Maria Reining et une Sophie tenue par une jeune Suissesse inconnue mais qui fera bientôt parler d'elle, Lisa Della Casa; un *Otello* avec Max Lorenz; une *Flûte enchantée* avec le Tamino d'un jeune Canadien au timbre de pêche, Leopold Simoneau; et bien sûr les habituels *Rigoletto* et *Faust* (qui donnent l'occasion de débuter à l'Opéra en Marguerite à une jeune Espagnole de 25 ans: Victoria de Los Angeles); sans oublier la reprise de la rituelle visite annuelle de la Philharmonie de Berlin dirigée par Furtwängler, comme avant la guerre, et la non moins rituelle grève d'automne — c'est celle des musiciens cette fois — qui débute le 28 novembre et passera le gué de l'an pour ne s'achever que le 10 janvier: 32 représentations supprimées!

1950 commence avec Wagner et *Le Crépuscule des dieux* qui réunit encore une fois le quatuor des *Tristan* et *Walkyrie* des années précédentes. La grève annuelle, celle des machinistes pour l'heure, se présente au printemps et paralyse l'Opéra durant un mois. Et c'est encore avec Wagner que les mélomanes connaissent leurs plus grandes joies, de *La Walkyrie* au *Crépuscule des dieux* en passant par *Siegfried*, avec toujours Max Lorenz en tête de distribution.

Georges Hirsch parvient pourtant à présenter quelques créations — de ballets essentiellement mais aussi l'opéra de Darius Milhaud, *Bolivar*, ainsi que la *Jeanne au bûcher* d'Honegger (avec Jean Vilar dans le rôle, parlé, de Frère Dominique). Et bien sûr la Philharmonie de Berlin vient pour sa tournée annuelle avec Furtwängler. Comme elle revient en 1951, deux fois: au printemps pour la deuxième saison de Georges Hirsch et à l'automne pour la première de Maurice Lehmann. Parce qu'en effet, Georges Hirsch s'en va à l'expiration de son mandat sans d'ailleurs que nul ne s'en émeuve: sa trace n'a pas été des plus marquantes. De plus *Le Figaro* se déchaîne contre lui — pour des raisons assurément plus politiques qu'artistiques. Georges Hirsch est socialiste et ne fait pas mystère de ses convictions ; l'agitation créée autour de son nom entrave ses chances de demeurer à la tête de l'Opéra. Des derniers mois de son administration on retient pourtant, outre le presque rituel *Tristan* avec Flagstad et Lorenz, l'invitation du San Carlo de Naples qui vient présenter deux Verdi, deux «créations» en fait : *Giovanna d'Arco* (*Jeanne d'Arc*), un opéra de jeunesse dont les libertés prises par le livret avec l'Histoire (Jeanne y meurt au combat) nuisent à l'appréciation de sa musique pourtant souvent très heureuse ; on retiendra de cette *Jeanne d'Arc* son interprète, qui fait ainsi, à 29 ans, ses débuts à l'Opéra de Paris : Renata Tebaldi. L'autre création verdienne présentée par la troupe de Naples est celle d'*Un Ballo in Maschera* (*Un Bal Masqué*) avec l'impressionnante mezzo Ebe Stignani qui fait grand effet dans le rôle de la sorcière Ulrica.

Maurice Lehmann, démissionnaire au bout de seize mois de mandat, succède donc à Georges Hirsch, son successeur d'alors ! C'est dire si l'on se presse peu pour diriger cette maison qui s'enfonce dans la monotonie, la grisaille. Mais quelles raisons poussent-elles Maurice Lehmann à revenir faire un tour de piste dans ce théâtre dont il s'est si vite enfui ? Tout d'abord — il en a conscience — les temps ont changé : il n'y a plus de Comité d'épuration pour régenter l'Opéra, et l'argent est revenu dans les caisses. Il est temps d'appliquer à l'Opéra la recette qui lui a si bien réussi au Châtelet : le grand spectacle. Il va donc préparer son coup d'éclat.

En attendant, la routine ouvre cette année 1952 : *Siegfried* avec Max Lorenz, *Salomé* avec Inge Borkh et Max Lorenz, un récital Flagstad. Et des reprises sans éclat.

Le feu d'artifice que préparait Maurice Lehmann éclate enfin, le 18 juin 1952 : c'est la création au Palais Garnier des *Indes Galantes* de Jean Philippe Rameau. Encore que Jean-Philippe Rameau aurait parfois peut-être quelques difficultés à reconnaître

Les Indes Galantes *de Rameau*
Maurice Lehmann

son œuvre : on y a ajouté des « préludes parlés » et la partition a subi une « révision » due à Henri Busser, à partir de la version déjà « revue » par Paul Dukas. L'orchestre est à présent gigantesque (60 cordes, 30 vents !) la préoccupation d'authenticité ou de son baroque n'étant pas alors à la mode !

On a utilisé pas moins de sept décorateurs, de Jacques Dupont à Carzou en passant par Wakhevitch ou Chapelain-Midy... De plus Maurice Lehmann qui met en scène avec délectation cet opéra-ballet en un prologue et quatre entrées, s'est encore adjoint le

...ans la mise en scène de
...n 1952.

concours de Serge Lifar, Albert Aveline et Harold Lander pour les différentes chorégraphies. Enfin pour la troisième entrée « Les Fleurs », on diffuse dans la salle des parfums de rose!... Le résultat est à la fois une horreur musicologique, une énorme pâtisserie visuelle où le spectaculaire prime... et un exceptionnel triomphe. La salle ne désemplit pas. Heureusement! La facture est exorbitante. L'année suivante, on atteint déjà la 100e!

Maurice Lehmann a gagné son pari : l'Opéra sort de sa morosité. D'autant que le spectacle mobilise

Maurice Lehmann (à droite) en compagnie du décorateur Carzou, en 1961.

quasiment toute la troupe, chanteurs et danseurs, et donne un coup de jeune à cette maison qui s'endormait. On affiche *Les Indes Galantes* pratiquement toutes les semaines, le plus souvent même trois fois et c'est toujours plein. Le succès ne se démentira pas pendant près de dix ans!

En janvier 1954, pour la création d'*Oberon* de Weber, Maurice Lehmann réutilisera les fameux parfums qui ont fait si bien chavirer les têtes dans ces *Indes Galantes*. Le succès, pour être moindre, permettra pourtant d'atteindre la 50e dès l'année suivante.

Après le triomphe des *Indes Galantes*, l'Opéra reprend son train de sénateur, *La Traviata* alterne avec *Rigoletto*, *Faust* ou *Aïda*. 1953 voit revenir *Tristan* avec Max Lorenz, *Faust* avec Los Angeles, et la Philharmonie de Berlin avec Furtwängler. Lily

Pons, populaire rossignol mécanique fait à nouveau des pointes dans *Rigoletto* et on reprend *Boris* avec un nouveau venu, le Bulgare Boris Christoff. Le seul véritable événement musical est la venue, au printemps, de l'Opéra de Vienne avec deux opéras de Strauss, *Elektra* et *Die Liebe der Danae* (*L'Amour de Danaé*) ainsi que *La Flûte enchantée* et le *Requiem* de Mozart. Les chefs s'appellent Karl Böhm ou Clemens Krauss, les solistes Elisabeth Höngen ou Christel Goltz, Emmy Loose ou Wilma Lipp, Anton Dermota ou Erich Kunz, Julius Patzak ou Irmgard Seefried!...

Il va sans dire que les conflits sociaux et les grèves à répétition continuent, du règne d'Hirsch à celui de Lehmann, à empoisonner l'atmosphère — pas seulement à l'Opéra d'ailleurs. A tel point que le 19 octobre 1953, le gouvernement choisit de faire un coup d'éclat: il licencie les 2 300 techniciens et musiciens des théâtres nationaux (Opéra, Opéra-Comique, Comédie-Française...). Le conflit s'achève au bout d'un mois par la signature de nouvelles conventions collectives, censées apporter le calme et l'ordre dans ces maisons agitées...

1954 poursuit le rythme routinier avec alternance de *Rigoletto*, *Faust* (dont une série avec le Méphisto somptueux de la basse russe Ivan Petrov, et une autre avec le jeune ténor italien Giuseppe Di Stefano), *Boris Godounov* (avec Ivan Petrov et Nicola Rossi-Lemeni), *Otello* (où l'on assiste aux débuts à l'Opéra de Paris de Mario Del Monaco dans ce rôle auquel il imprime sa marque). Une visite intéressante, celle de la troupe de l'Opéra de Stuttgart qui vient donner un *Parsifal* dirigé par Ferdinand Leitner avec Wolfgang Windgassen et la Kundry bouleversante de Martha Mödl. Et puis comme l'année s'est ouverte avec *Obéron* dans la mise en scène parfumée de Maurice Lehmann, elle s'achève avec *La Flûte enchantée* dans une nouvelle mise en scène de Maurice Lehmann sans parfum mais avec un couple de récitants et des décors de Chapelain-Midy. La distribution mêle les gloires de la troupe, de Mado Robin ou Janine Micheau à

*Mlle Granelli, Raphaël Romagnoni et Denise Scharley
dans* Oberon *de Weber, en 1954.*

Denise Duval, Christine Castelli ou Denise Scharley,
à quelques étrangers, du Tamino de Nicolaï Gedda
au Sarastro de Raffaele Arié.

En 1955, l'Opéra de Stuttgart revient avec *Fidelio*
cette fois, qui permet d'admirer le bouleversant
couple de Gré Brouwenstijn et Wolfgang Windgassen. Mais ce sont les deux cycles complets de *La
Tétralogie* dirigés par Hans Knappertsbusch qui
constituent l'événement majeur de cette année. La
mise en scène de Karl Schmid-Bloss n'est pas inoubliable mais cet événement musical est considérable :
il n'y a pas eu d'exécution intégrale de *La Tétralogie*
au Palais Garnier depuis 1912 et les distributions

sont superbes. On note au hasard les noms de Sigurd Björling, Gustav Neidlinger, Ludwig Suthaus, Josef Greindl, Leonie Rysanek, Martha Mödl — et d'Astrid Varnay pour le second cycle.

Pour le reste, des *Faust*, des *Traviata*, des *Rigoletto*, dont en juin quelques représentations avec Lily Pons... Et c'est fini pour Maurice Lehmann qui retourne, définitivement, au Châtelet. Il a essayé de mettre de l'ordre dans la maison, il a réussi un coup avec *Les Indes Galantes* mais la direction choisie n'était peut-être pas celle, en dépit de son succès, qu'on attendait vraiment de l'Opéra.

Il est remplacé par Jacques Ibert, le compositeur du *Roi d'Yvetot* dont l'incompétence et le désintérêt sont manifestes d'emblée : le cher homme a en effet demandé à conserver parallèlement son poste de la Villa Médicis à Rome, ce qu'on lui a accordé! Et comme le ciel italien le séduit davantage, l'Opéra, plus bateau ivre que jamais, continue de dériver sans plus même de capitaine... Heureusement cet intermède-mascarade ne dure que quelques mois : Jacques Ibert démissionne six mois après sa nomination et l'on nomme à sa place... Georges Hirsch! Vous avez bien lu!

Le jeu des allers-retours continue! Il suit d'ailleurs celui des ministères — et en 1956, c'est Guy Mollet qui est président du Conseil... *Le Figaro* bien sûr s'étrangle d'indignation.

Les abonnés, sont doublement gratifiés : par la nomination de Georges Hirsch, et par une nouvelle mise en scène de leur *Faust* national, signée Max de Rieux, dans les décors de Wakhevitch et inaugurée par la charmante Geori Boué. Ce sera, malheureusement pour le public qui l'adore, une de ses dernières apparitions sur la scène du Palais Garnier, Georges Hirsch la renvoyant dans ses foyers quelques semaines après; pour faire bonne mesure, il remercie aussi son mari, le baryton Roger Bourdin. Ces mesures ne sont guère diplomatiques mais Georges Hirsch n'en a cure; il a décidé de jouer les Zorro et déclare tout net : « Je pars de cette idée que tout est

155

à recréer entièrement », ce qui fait toujours plaisir aux prédécesseurs. Sur ce, il énonce son plan de campagne :

« Recourir à des œuvres contemporaines reflétant l'esprit et l'esthétique d'une époque ;

— reprendre les grandes pièces du répertoire tombées dans l'oubli ;

— aiguiller la curiosité sur des chefs-d'œuvre reconnus à l'étranger et méconnus en France. »

Fort louable sans doute, ce programme énoncé de façon péremptoire demande à être rempli : il ne le sera pas. Comme souvent (l'expérience se renouvellera ultérieurement), les déclarations incendiaires ou assertoriques font plus de bruit que les actes : c'est là que le bât blesse...

Car sur ces entrefaites, on reprend *Tristan* avec les habituelles voix de Bayreuth, les Varnay, Suthaus et autre Weber sous la direction de Knappertsbusch : c'est bien mais ce n'est guère nouveau, ni différent des années précédentes ! La rituelle venue de la Philharmonie de Berlin, dirigée à présent par Herbert von Karajan après la mort de Furtwängler, reste dans les habitudes. Un concert du Royal Philharmonic dirigé par Thomas Beccham, la création de *L'Amour des trois Oranges* de Prokofiev par l'Opéra de Ljubljana, et les reprises habituelles de *Faust*, *Traviata* ou *Rigoletto* n'annoncent pas vraiment une ère nouvelle.

L'année 1956 s'achève sur une nouvelle production de *Don Giovanni* qui réunit le gratin des voix françaises de l'époque, Régine Crespin, Jacqueline Brumaire, Janine Micheau, Ernest Blanc, Jean Giraudeau, Louis Noguéra, Robert Massard : tout cela est bel et bon mais où est la nouveauté ?

Elle ne se montre pas plus en mars 1957 dans la reprise du *Chevalier à la rose* qui pour la 150e réunit encore un trio de tête avec Régine Crespin, Suzanne Sarroca et Janine Micheau. Et quand en mai revient Hans Knappertsbusch pour diriger deux cycles de *La Tétralogie*, on se dit qu'on a déjà vu cela... deux ans plus tôt, sous le mandat de Maurice Lehmann ! Pour le reste, cette année 1957, toujours bercée par les éternelles *Traviata* (dont une série avec la soprano roumaine Virginia Zeani, spécialiste du rôle qu'elle interprétera plus de 500 fois dans sa carrière à travers le monde entier), *Faust* et *Rigoletto*, avec quelques *Otello*, quelques *Samson et Dalila* et quelques *Tannhäuser* pour varier, est marquée par deux événements.

Le premier est musical, c'est la seule grande création du second règne de Georges Hirsch (il avait pourtant claironné que c'était sa première priorité...): celle du *Dialogues des Carmélites* de Francis Poulenc (néanmoins créé par la Scala cinq mois plus tôt). L'œuvre est magnifique, poignante d'émotion, avec un langage musical simple et direct, bouleversant d'autant plus le public que l'interprétation y est du meilleur niveau, avec Denise Duval, Liliane Berton, Denise Scharley, Rita Gorr, Régine Crespin sous la direction de Pierre Dervaux.

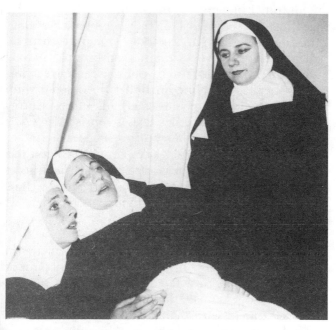

Denise Duval, Denise Scharley et Rita Gorr dans Dialogues des Carmélites *de Poulenc, en 1957.*

Le second « événement », c'est la reprise de l'agitation sociale avec, à la mi-octobre, une grève des machinistes, puis une grève des électriciens. A la mi-novembre, nouvelle grève des machinistes... Au début décembre, troisième grève des machinistes. Trois jours après, les danseurs à leur tour se mettent en grève. A la fin décembre c'est tout le personnel technique puis de nouveau les danseurs qui sont en grève. Les négociations reprennent chaque fois avant d'être à nouveau interrompues puis reprises. La pagaille est totale.

Le 1er janvier 1958, la grève s'interrompt et permet à l'Opéra d'afficher... *Faust*. Mais le 5 janvier, c'est à nouveau la grève, des machinistes et des danseurs. On parvient à jouer... *Faust* avant que les machinistes ne se remettent en grève deux jours plus tard. Le corps de ballet étant en grève, on donne *Rigoletto*. Machinistes et danseurs sont à nouveau en grève. La marmite explose : le ministère adresse à tous les grévistes une lettre de licenciement pour rupture de contrat. Finalement, une semaine plus tard, les machinistes acceptent d'être réembauchés aux conditions décidées par le gouvernement. Le corps de ballet tient encore trois semaines, et rentre à son tour au bercail. Il aura deux mois pour se remettre avant d'apprécier la discipline du Ballet du Bolchoï venu présenter quelques-uns de ses grands succès. Entre-temps, pour agrémenter les ternes reprises de *Thaïs* et autres *Traviata* qui laissent les salles à moitié ou aux trois quarts vides, on aura droit aux habituels séjours de Bayreuth-à-Paris avec *Tristan, Siegfried* et *Le Crépuscule des dieux* sous la direction d'Hans Knappertsbusch drainant l'Olympe wagnérien de Varnay et autres Greindl.

A la rentrée de 1958, le 17 octobre exactement, un vent d'excitation parcourt la salle de l'Opéra pour la reprise de *Salomé* qui fait éclater le tempérament volcanique de la belle Jane Rhodes, entourée de Ramon Vinay, René Bianco et Rita Gorr sous la direction d'André Cluytens. Le 24 octobre, un gag montre l'état dans lequel se trouve l'Opéra : la soirée doit être annulée pour cause de rideau de fer bloqué!

Deux événements pourtant en cette fin d'année 1958, où la France change de régime et carrément d'époque sur le plan politique: entre les habituels *Faust* (dont une série avec un nouveau Méphisto, Nicolaï Ghiaurov), *Boris, Traviata* ou *Otello* (chanté par Ramon Vinay à la fin de l'année), on peut applaudir la nouvelle production d'*Un Bal Masqué* de Verdi auquel Margarita Wallmann et son décorateur Georges Wakhevitch donnent des couleurs qui tranchent avec la grisaille poussiéreuse et la médiocrité des reprises hebdomadaires. De plus, la distribution est somptueuse, réunissant Régine Crespin, Denise Scharley, Mady Mesplé, un délicieux Oscar de 27 ans, Albert Lance et René Bianco.

L'autre événement a lieu le 19 décembre: c'est le gala de la Légion d'honneur qui accueille pour la première fois Tito Gobbi et Maria Callas. La Divine fait là sa première apparition sur la scène parisienne: la salle, on s'en doute, est bondée, l'événement étant autant mondain que musical. Le Tout-Paris frissonne. Le deuxième acte de *Tosca* est fabuleux. Heureusement cette soirée exceptionnelle a été filmée, on la reverra.

1959 n'amène rien de neuf à l'Opéra. Le 23 mars, on célèbre la création de *Faust*... en reprenant *Faust* pour la 2 366e fois — avec une distribution multiple variant à chaque tableau! Un certain Gabriel Bacquier y fait une apparition en Valentin...

Mais 1959 marque aussi la fin du mandat de Georges Hirsch qui s'en va sans avoir, comme il l'annonçait trop présomptueusement, «tout recréé».

Pour lui succéder on nomme Amon Maistre Julian: il a été chanteur, il a dirigé avec succès «Le Théâtre des Nations» dans le cadre du Théâtre Sarah-Bernhardt. Il ne fera malheureusement pas d'étincelles à l'Opéra: à sa décharge reconnaissons qu'il hérite d'une parfaite pagaille administrative à la suite des conflits à répétition des années précédentes, d'une maison démobilisée artistiquement, vivant sur une routine poussiéreuse. Si on essaie quelques coups d'éclat en invitant des vedettes étrangères qui assurent de bonnes recettes et font le bonheur des mélomanes, cela ne constitue pas une politique. On continue à jouer avec une régularité imperturbable, *Faust, Rigoletto, Traviata, Otello* et, bien sûr, *Les Indes Galantes* dont les parfums enchantent toujours les visiteurs de «la Grande Boutique». Hans Knappertsbusch vient régulièrement diriger les ouvrages de Wagner — c'est encore le cas au printemps 1959 avec *Lohengrin* puis *Tannhäuser*. Mais Amon Maistre Julian veut frapper un grand coup, à la manière de Maurice Lehmann avec *Les Indes Galantes*.

Il y parvient le 10 novembre avec une production de *Carmen*, qui va faire sensation par sa débauche de luxe comparable aux *Indes Galantes*, avec même un ingrédient inédit, celui d'une incroyable ménagerie composée de quinze chevaux, deux ânes, des mules, un chien briard, un singe et des perroquets! La presse de l'époque va se faire un plaisir de détailler cette innovation...

Le metteur en scène, le cinéaste Raymond Rouleau, auquel on a donné carte blanche, s'en est donné à cœur joie: il va utiliser, outre les solistes et les cent choristes, quelque cent figurants supplémentaires, quarante danseurs espagnols et une danseuse soliste flamenca, la belle Sol Y Sombra. Le service de la couture devra fabriquer 463 costumes, réaliser une centaine de perruques. Il faudra rajouter 120 projecteurs aux 120 déjà en place. Les décors de Lila de Nobili sont superbes comme des Goya — dont ils s'inspirent, et la mise en scène est réglée au millimètre, Raymond Rouleau marquant à la craie sur le plateau le moindre mouvement.

L'effet de foule est saisissant: dragons d'Alcala et cigarières de Séville, buveurs de taverne, gitans et contrebandiers, sans oublier, clou du spectacle, le quadrille des toreros dans des chars éblouissants tirés par des chevaux piaffants, tout cohabite sur la vaste scène du Palais Garnier qui paraît comme embrasée de lumière, de mouvement et trouve un parfait accord avec la musique de feu de Bizet, dynamisée tout autant par la Carmen ensorcelante de la pul-

Albert Lance et Jane Rhodes dans Carmen
de Bizet, en 1959.

peuse Jane Rhodes que par la baguette flambante du
jeune prodige Roberto Benzi, 21 ans. La première est
éclatante, tant sur la scène on l'a compris, que dans
la salle : le général de Gaulle accompagné de Michel
Debré, son premier ministre, et d'André Malraux, son
ministre de la Culture, préside la soirée. Il est
accueilli au son de *La Marseillaise* avant qu'une
délégation de petits rats en tutu rose lui remette un
bouquet : bonheur des échotiers !... Encore une fois le
Tout-Paris est dans la salle, de Micheline Presle à
Jean Cocteau, de Georges Auric à Jeanne Moreau,
d'Arthur Rubinstein à Marcel Achard, sans oublier
les duchesses, princesses et même l'impératrice
d'Iran. Bien sûr c'est un triomphe. *Paris-Match*
consacre sa une à Jane Rhodes, promue diva... alors
que Julian fait ses comptes : la dépense a été énorme.
Elle sera rentable, comme pour *Les Indes Galantes*.
Car tout le monde voudra voir cette *Carmen* (au
moins autant que l'entendre...).

Et les reprises s'ajouteront aux reprises, les chevaux étant toujours présents au rendez-vous, amenés
par un van depuis un manège de Neuilly, sauf un soir
où, ledit van étant tombé en panne place Saint-

Augustin, les lads n'hésiteront pas à enfourcher eux-mêmes les montures et à galoper jusqu'au Palais Garnier pour ne pas rater leur entrée !...

Une fois l'excitation de *Carmen* passée, on continue à dérouler les vieux décors pour reprendre les routiniers *Thaïs*, *Rigoletto* ou *Faust* : on ne change pas une habitude... Et puis *Carmen* est toujours là pour fouetter la recette ou accueillir un dignitaire étranger. Ainsi Nikita Khrouchtchev vient-il en visite à Paris en mars 1960 : on l'emmène à l'Opéra et on lui joue *Carmen*. Le roi et la reine de Thaïlande viennent à Paris : *Carmen*. Le président de la République malgache est en visite officielle : *Carmen*. Et même si aucune tête couronnée ou autre excellence ne se trouve à Paris, on joue quand même *Carmen*, ne serait-ce que pour le plaisir d'y entendre Mario Del Monaco en Don José.

Pour le reste, on fait aller — avec quelques étoiles filantes étrangères qui viennent agrémenter l'ordinaire : *Aïda* voit briller la belle mezzo noire Grace Bumbry, *Boris Godounov* la basse yougoslave Miroslav Cangalovic, *Tosca* permet de réentendre Renata Tebaldi, *Samson et Dalila* fait rayonner Mario Del Monaco, *Don Giovanni* est illuminé par l'Anna de Teresa Stich-Randall (que Gabriel Dussurget a révélée auparavant à Aix-en-Provence) mais aussi le Don suprêmement élégant de Gabriel Bacquier, sous la direction d'un chef qui débute à l'Opéra, Maurice Le Roux. Hans Knappertsbusch vient comme chaque année passer quelques semaines à Paris, avec Wagner bien sûr (un *Vaisseau fantôme* où se retrouvent Astrid Varnay et le bouleversant Hans Hotter) mais aussi, pour une fois, Beethoven, avec *Fidelio*. Dernier événement à signaler en cette année 1960, la reprise de *Lucia di Lammermoor* par la fantastique soprano australienne Joan Sutherland : les soirées sont « particulières », les chœurs chantant en français et les solistes en italien, mais le prestige vocal et les roulades pyrotechniques de la diva font passer bien des choses. Triomphe !

L'année 1961 s'ouvre sur une nouvelle grève : celle des choristes. Elle durera près de six semaines !

En juin, Joan Sutherland revient tirer ses feux d'artifice de vocalises dans *Lucia di Lammermoor* aux côtés du jeune ténor français Alain Vanzo. On redonne bien sûr des *Carmen* à la pelle, quelques *Traviata* et on reprend *Les Troyens* de Berlioz dans une nouvelle mise en scène de Margarita Wallmann et avec la Didon incandescente de Régine Crespin.

1962 marque la fin du mandat de Julian. *Samson et Dalila*, *Faust*, *Boris Godounov*, le même reste désespérément le même. Un moment de bonheur fin janvier : la grande Elisabeth Schwarzkopf vient chanter la Maréchale pour la reprise du *Chevalier à la rose*, aux côtés de Suzanne Sarroca et Liliane Berton. Les mélomanes dégustent, en redemandent : c'est promis, elle reviendra ! Pendant ce temps, Julian continue à gérer prudemment cette « Grande Maison » qu'il perçoit mal. L'agitation sociale couve toujours entre un *Faust* et une *Traviata*. En avril, l'Administrateur décide de ne pas reconduire les contrats des chanteurs, danseurs et chefs d'orchestre, « étant donné l'incertitude qui règne pour le moment sur ce que seront les conditions de travail et les rémunérations dans les théâtres lyriques internationaux ».

Le 19 avril, son successeur est nommé : c'est le compositeur Georges Auric. Une incertitude au moins est levée.

Chapitre treize

Le mandat de Georges Auric : la fin d'une époque

Georges Auric a 63 ans quand il accède à la tête de l'Opéra de Paris. Bien connu comme compositeur, il a été membre du groupe des Six dans les années vingt, a écrit des ballets pour Diaghilev, de la musique de film pour René Clair ou Jean Cocteau. Sa valse du film *Moulin-Rouge* lui a conféré une certaine célébrité.

Georges Auric et Maurice Béjart, en juin 1962.

Il est plein de bonne volonté, de bonnes idées... et d'illusions quand il s'installe dans le fauteuil directorial. Il veut restaurer l'image de l'Opéra, tombée au plus bas, redynamiser la création, resserrer les liens de la troupe... Hélas, lui aussi se heurte à ce terrible roc et se rend compte très vite qu'il y a fort à faire pour transformer ses désirs en réalité.

Pour l'heure, il n'a d'autre solution que de faire tourner la machine, en essayant d'attirer le plus grand nombre de grandes voix extérieures pour donner une impulsion contagieuse. La politique n'est pas nouvelle : elle permet de retrouver Teresa Stich-Randall (dans *Don Giovanni, La Traviata* ou *Rigoletto*) ou de découvrir Galina Vichnevskaïa (dans *Aïda*) ; elle ne renouvelle pas le répertoire, elle n'ôte pas la poussière des décors... Mais on fait crédit à Georges Auric.

1963 voit d'abord s'accomplir la promesse faite par Elisabeth Schwarzkopf l'année précédente : elle est à nouveau là pour une série de *Chevalier à la rose*. Et, en mars, les espoirs mis en Georges Auric semblent se concrétiser : l'Opéra présente une nouvelle production de *Don Carlo* de Verdi dans de splendides décors de Jacques Dupont, sorte de grands Velasquez dans lesquels la mise en scène de Margarita Wallmann trouve parfaitement ses gestes, ses déploiements, ses fastes. Le succès est grand. Georges Auric marque un premier point.

Les *Boris, Don Giovanni* et autres *Traviata* (dont une avec une soprano turque chantant... en turc !) donnés ensuite ne sont que routine. Si l'Opéra de Bucarest vient présenter en mai l'*Œdipe* de son compositeur national, Georges Enesco, cela ne nourrit pas encore les espérances de ceux qui croient Auric capable de rénover l'Opéra.

En juin, la reprise de *Tannhäuser* dans les nouveaux décors de Léonor Fini est appréciée, d'autant qu'elle réunit sous la baguette d'André Cluytens les deux plus belles wagnériennes françaises, Régine Crespin et Rita Gorr.

Mais le 29 novembre arrive enfin ! L'Administrateur peut inscrire une date historique dans le livre

166

Répétition de Don Carlo *de Verdi, en 1963 : le chanteur A. Le Morena et le metteur en scène Margarita Wallmann.*

d'or du Palais Garnier : on y crée ce soir-là *Wozzeck* d'Alban Berg. Marcel Claverie écrit dans *Combat* : « De toute évidence, l'année 1963 restera dans les annales du théâtre lyrique parisien comme celle de *Wozzeck*. Peut-être aussi comme l'an I d'une renaissance : celle de l'Académie nationale de Musique et de Danse. Autrement dit, de la vie lyrique à Paris qui, jamais, n'aurait dû être privée d'un tel foyer d'émulation artistique. [...] *Wozzeck* démontre avec élo quence à quel point cette "dernière chance" a été comprise et saisie. A quel point l'Opéra peut, s'il le veut, atteindre à la perfection. [...] Et que l'on songe à ce que serait, par exemple, un *Tristan* dans de telles conditions.»

Cet admirable succès, il faut le dire, a été préparé comme, on souhaiterait que tous les spectacles le soient : des décors d'André Masson, une mise en scène de Jean-Louis Barrault et la direction de Pierre Boulez ; ces trois noms montrent le niveau d'exigence auquel on s'est placé. Et l'on n'a pas lésiné sur le temps de répétition nécessaire à Boulez pour faire acquérir à l'orchestre les subtilités de cette écriture nouvelle.

Heiner Horn et Keth Engen à la création de Wozzeck *de Berg, en 1963.*

Le ciel semble s'éclaircir au-dessus du Palais Garnier. Une ardeur nouvelle gagne la maison tout entière. Ce qui ne veut pas dire que, d'un seul coup, la création et l'innovation aient soufflé toute la poussière ; il y a encore en 1964 des *Samson et Dalila*, des *Tosca* (dont une série avec Franco Corelli, le beau ténor italien qui fait fondre les spectatrices) et puis quelques *Don Giovanni*, des *Tannhäuser*, et aussi la reprise du beau *Don Carlo* de l'année précédente (avec Franco Corelli et Nicolaï Ghiaurov pour ajouter au lustre du spectacle); bien sûr également, comment s'en passer, des *Carmen* et encore des *Carmen*!

Mais cette année 1964 est marquée par trois nouvelles réussites de l'Administrateur. Tout d'abord en mars c'est une présentation inédite de *La Damnation de Faust* de Berlioz (la précédente, signée Pierre Chéreau, date de 1933), confiée à Maurice Béjart par Georges Auric. Le choc est rude. Dans de superbes décors et costumes de Germinal Casado, Béjart invente des images qui secouent les habitués, mélange d'érotisme et de violence traduisant bien la passion à l'œuvre dans la partition de Berlioz. C'en

Guy Chauvet et Jacques Mars dans La Damnation de Faust *de Berlioz; mise en scène de Maurice Béjart.*

169

est trop pour les habitués : scandale ! Ce scandale même est rafraîchissant : il est le signe que la maison vit à nouveau, qu'on y crée ; décidément les choses ont changé. A la rentrée, en octobre, Georges Auric secoue encore la quiétude des habitués en leur faisant découvrir la *Salomé* de Strauss dans la mise en scène de Wieland Wagner. L'érotisme morbide et la violence cruelle sont une nouvelle fois au rendez-vous, avec quelque chose d'une brûlure. Anja Silja, presque nue, en bas résille noir, se tordant de désir devant le Jochanaan de Thomas Stewart, et excitant les sens de l'Hérode de Gerhard Stolze sous le regard fulminant de l'Herodias d'Astrid Varnay, l'ensemble sous la baguette flamboyante d'André Cluytens : c'est plus qu'il n'en faut pour la majorité du public. L'Opéra revit vraiment, comme si une électricité nouvelle l'habitait.

D'autant que, en cette année 1964, un autre événement a attiré l'attention, et rempli la salle comme rarement : les débuts *en spectacle* de Maria Callas sur la scène de l'Opéra. Elle y a donné un gala en 1958, mais n'y a jamais chanté un opéra entier. A cette époque, Maria Callas vient de s'établir à Paris ; Georges Auric lui rend visite plusieurs fois et parvient à la convaincre. Elle choisit *Norma*, elle choisit aussi son chef, Georges Prêtre. La date est fixée : ce sera le 22 mai 1964. Franco Zeffirelli réalisera la mise en scène.

Encore une fois le Tout-Paris est dans la salle, du ministre André Malraux bien sûr à Aristote Onassis tout aussi évidemment. On aperçoit encore Jules Dassin, Romy Schneider, Marie Bell, Micheline Presle, Yves Saint-Laurent, Mme Pompidou et Jacques Chazot... Le triomphe vient assurément, encore que la Divine — c'est manifeste — ne soit plus en possession de tous ses moyens. Quelques « Hou » accueillent même son « Casta Diva ». Elle parvient pourtant, grâce à ce tempérament qui n'appartient qu'à elle, à dominer ses problèmes vocaux et à imposer, au troisième acte surtout, ce personnage de tragédienne où elle est insurpassable. Elle donnera huit représentations de cette *Norma*, avec quelques

170

Maria Callas dans Norma *de Bellini, en 1964.*

aléas — dont la soirée du 6 juin. En effet, ce soir-là
sa voix se brise soudain sur une note. Les quolibets
pleuvent aussitôt. Impériale, elle lève le bras, et
reprend, majestueuse. A l'entracte, les pro- et les
anti-Callas s'apostrophent, s'invectivent, s'insultent,
sont même près d'en venir aux mains. Moments
électrisants.

1965 permet d'abord aux Parisiens de découvrir
un étonnant ténor canadien, Jon Vickers, qui débute

au Palais Garnier dans une reprise d'*Un Bal Masqué* de Verdi.

Une petite grève au passage — celle des électriciens cette fois — et l'on retrouve pour la deuxième saison consécutive la Divine dans ce rôle où elle excelle, Tosca. La mise en scène, qu'elle a déjà rodée au Covent Garden de Londres, est due à Zeffirelli. Georges Prêtre, son «chef préféré» l'accompagne à nouveau. Le triomphe est cette fois total. Et justifié: «Son deuxième acte fut prodigieux. Devant Scarpia, jouant avec elle comme le chat avec la souris, cette femme affolée, à peine abritée derrière son masque de mépris, se transforme peu à peu, mue par l'énergie du désespoir: assise, immobile, les yeux agrandis fixés sur le couteau, la main crispée sur la bouche, elle semble puiser en elle-même une force inconnue, puis elle frappe violemment, crache son venin à la figure du mourant, chancelle... Cette scène à elle seule justifie le triomphe que remportera Maria Callas», écrit Jacques Longchampt dans *Le Monde*. Triomphe tel qu'il faudra ajouter une représentation supplémentaire — en déprogrammant un habituel *Rigoletto*.

Quelques *Salomé* encore, dans la sulfureuse mise en scène de Wieland Wagner, et toujours Anja Silja, maintiennent une certaine excitation entre les *Traviata* et autres *Carmen* qui constituent l'ordinaire de la maison. (Ainsi le 6 avril a lieu un gala en l'honneur des souverains du Danemark. Que leur offre-t-on à l'Opéra? *Carmen*.)

En mai, tous les esprits sont accaparés par la prochaine apparition de Callas: elle a accepté de chanter de nouveau une série de *Norma*. Le 14, la première se déroule parfaitement bien que Maria Callas soit en très mauvaise forme physique — tension insuffisante, début de laryngite. Elle domine ses problèmes avec éclat et, tendre d'abord, se ménageant quelque peu, elle s'enflamme et enflamme la salle jusqu'au triomphe final. L'après-midi de la seconde, le 17, Maria Callas, la tension de plus en

Maria Callas et Renato Cioni dans Tosca *de Puccini,
en 1965.*

plus basse, se fait faire une injection de coramine —
et chante. De même que le 21 pour la troisième. A la
quatrième, le 24, elle a un malaise durant l'entracte;
elle reprend pourtant, vaillamment. Et est acclamée.

Pour la dernière, le 29, le shah d'Iran et l'impératrice Farah sont dans la salle. L'atmosphère est
chargée d'électricité. Le « Casta Diva » n'est pas des
plus fameux mais il faut continuer — en dépit du peu
d'aide que lui accorde sa partenaire, Fiorenza Cossotto; cette dernière semble s'ingénier à faire retentir
une voix en pleine santé comme pour éprouver plus
encore la Diva à bout de force. A la fin du second acte,
elle s'évanouit. Son médecin accourt: elle ne peut

plus continuer. On annonce que Maria Callas est dans l'impossibilité d'achever la représentation. La salle est comme tétanisée. Le drame est palpable. Le public se retire sans protester ; il semble être en deuil.

L'année 1965 s'achèvera sans autre fait marquant, entre quelques reprises d'*Aïda* ou de *Traviata*, et une petite grève en décembre, pour maintenir la tradition.

1966 s'ouvre sur la reprise de *Wozzeck* et surtout sur la nouvelle présentation de *Tristan et Isolde* qui permet d'entendre pour la première fois à Paris l'Isolde de Birgit Nilsson, la grande soprano suédoise héritière en quelque sorte de la Norvégienne Flagstad, entourée de Wolfgang Windgassen, Hans Hotter ou Rita Gorr. Mais c'est surtout l'occasion d'un nouveau scandale dû à la mise en scène de Wieland Wagner, celle-là même qu'il a montée quatre ans plus tôt à Bayreuth : la modernité du parti pris scénique choque les habitués qui, sevrés de leur carton-pâte, crient à l'escroquerie. Ébullition, polémiques, chahut ; on se réveille.

On se rendort malheureusement pendant le reste de cette année 1966 où les reprises se succèdent, accablent le regard de leurs décors passés, de leurs mises en scène démodées, de leurs distributions sans glaive — qu'une star par-ci par-là, Vickers et Gobbi dans *Otello*, Stich-Randall dans *Don Giovanni*, Boris Christoff dans *Don Carlo*, tente d'égayer, à l'instar d'un objet de luxe dans un bazar de province.

Georges Auric est fatigué. L'entrain n'est plus le même. La création de *Wozzeck* n'a pas tenu toutes ses promesses.

Il réutilise pourtant encore en 1967 le joker Wieland Wagner, en reprenant *Tristan* d'abord, puis en imposant *La Walkyrie* dans cette même esthétique dépouillée, concentrée, qui est la griffe de Wieland. Les mêmes causes produisent les mêmes effets, encore que d'aucuns commencent à bouger et à percevoir le progrès accompli par l'art théâtral grâce à Wieland. Mais c'est un peu tard : il meurt le 17 octobre, à 49 ans. C'est Peter Lehmann qui est

174

venu remonter à Paris cette *Walkyrie* créée par Wieland à Bayreuth.

Pendant ce temps, au-dehors, «la France s'ennuie», comme l'écrira dans un célèbre éditorial du *Monde* Pierre Viansson-Ponté. En mai une grève des chœurs a précédé une grève générale : c'est comme si l'on répétait quelque chose...

1968 marque la dernière année du mandat de Georges Auric. Il veut encore offrir un spectacle marquant au public : il va y parvenir avec la nouvelle présentation de *Turandot* de Puccini, dont la mise en scène n'a pas changé depuis quarante ans — ce qui est d'ailleurs passé inaperçu puisque l'on ne joue guère *Turandot* au Palais Garnier !

C'est à l'équipe de Jacques Dupont-Margarita Wallmann que Georges Auric confie la princesse cruelle : leur réussite avec *Don Carlo* est un gage de succès. En effet le spectacle est somptueux : «Pas une robe, pas une cuirasse qui ne soit dessinée avec la fantaisie et le goût le plus exquis [...] A cela s'ajoute la vie extrême dont Margarita Wallmann anime les foules aux majestueuses processions, aux mouvements souples comme la moisson balayée par le vent», écrit Jacques Longchampt dans *Le Monde*. Birgit Nilsson incarne la *princesse de gel*, James King est Calaf, Georges Prêtre dirige : l'Opéra flamboie encore une fois. Mais le cœur n'y est plus.

Les *Rigoletto* alternent à nouveau avec les *Aïda*. La décadence de ces mises en scène de routine atteint parfois le ridicule, même si, comme un emplâtre sur un bras mort, on fait venir des stars pour créer l'illusion de la vie. Ainsi, en février, Leontyne Price est engagée pour chanter la princesse d'Éthiopie, au milieu d'une distribution médiocre, dans la production de 1939 qui n'a jamais été changée. Les décors brinquebalent ; le ballet recule les limites du pompiérisme ; les trompettes font un concours de canard ; la foule égyptienne est réduite à dix choristes ahuris qui galopent en faisant de grands gestes comme s'ils s'apprêtaient à figurer dans *La Guerre du feu* : la salle est secouée de fous rires. Était-ce le but recherché ?

Verdi aurait-il eu raison de vouer aux gémonies « la Grande Boutique » ?

Cette fin de règne est aussi une fin d'époque. Dehors on s'agite. Dedans on fait grève. On reprend le travail pour se remettre en grève. En avril, la création du *Prisonnier* de Dallapiccola passe à peu près inaperçue. Le mouvement se précipite. Mai arrive ; qui s'intéresse encore à l'Opéra ?

Georges Auric fait ses bagages. L'Opéra regarde passer les manifestations dont l'écho ne lui parvient qu'assourdi. Il n'a pas eu besoin des coups de boutoir du mouvement de Mai pour s'effondrer : il était déjà mort.

Chapitre quatorze

Les préparatifs de la fête

En septembre de cette année 68, André Chabaud, directeur du service administratif de l'Opéra assure l'intérim. Il expédie les affaires courantes, fait quelques reprises, *Turandot* ou *Tosca*, pour que le bâtiment ne rouille pas. Jusqu'à ce que, le 27 mai 1969, le gouvernement décide sa fermeture, « pour travaux ».

Le 1er octobre est nommé un nouvel Administrateur, René Nicoly, le fondateur des Jeunesses musicales de France. Un symbole. Le tandem magique de *Don Carlo* et de *Turandot* est à nouveau sollicité pour monter une nouvelle version des *Troyens* avec lesquels le Palais Garnier rouvre ses portes le 19 novembre. Mais hormis la belle et tragique Didon de Josephine Veasey, la déroute vocale enterre ces *Troyens* dont, une fois de plus, on n'est pas parvenu à offrir une version musicalement complète.

En intermède, le Bolchoï de Moscou vient durant un mois, du 22 décembre au 25 janvier présenter cinq opéras de son répertoire : *Boris Godounov* et *La Khovantchina* de Moussorgsky, *Eugène Onéguine* et *La Dame de Pique* de Tchaïkovski, *Le Prince Igor* de Borodine. Les voix sont belles ; on retrouve Galina Vichnevskaia et on découvre Irina Arkhipova, Elena Obraztsova, Alexander Vedernikov, Alexander Ognitsev, Vladimir Atlantov, Youri Mazourok ; on découvre aussi deux chefs, Guennadi Rojdestvenski et... Mstislav Rostropovitch, que le public ne connaît jusque-là que comme violoncelliste. Et on s'enthousiasme pour la beauté des chœurs.

Le 28 janvier, on retrouve Callas... en film pour la projection en avant-première de la *Médée* de Pasolini. Mondanités, applaudissements polis pour la Diva. Rideau.

Et on reprend les *Tosca*, les *Rigoletto*, les *Falstaff* (avec Tito Gobbi, qui réalise en même temps une nouvelle mise en scène dans des décors de Zeffirelli), et bien sûr des *Carmen*.

Mais pendant ce temps, Marcel Landowski, pour lequel Edmond Michelet a créé la Direction de la Musique au sein de son ministère, décide, après avoir mis sur les rails une réelle politique de la musique comme cela n'avait jamais eu lieu avant lui, de s'attaquer à l'Opéra, à la RTLN: il a compris qu'on ne soignerait pas le mal par des petites réformes ou quelques replâtrages provisoires. Il prend enfin le problème à bras-le-corps et tranche dans le vif: le 30 juillet 1970, le Palais Garnier est à nouveau fermé.

Deux mois plus tard, le ministère des Affaires culturelles dénonce les conventions collectives, et le 30 novembre, les musiciens, la troupe, les choristes et les danseurs reçoivent leur préavis de licenciement pour le 31 mai 1971, six mois après. Les négociations se précipitent. Les délégations se succèdent. Jacques Duhamel, devenu ministre des Affaires culturelles, a fixé une date limite pour l'aboutissement de ces négociations: le 1er juin 1971. La troupe est donc dissoute sans appel, le ballet signe les nouvelles conventions le 21 mai.

Le 22 mai, René Nicoly, épuisé, meurt brutalement. Aussitôt sont désignés le compositeur Daniel Lesur comme Administrateur intérimaire et Bernard Lefort (qui a été directeur de l'Opéra de Marseille de 1965 à 1968) pour l'assister. Ils entreprennent de poursuivre les négociations. Mais les chœurs, eux, se refusent à tout compromis: ils sont licenciés. Les derniers détails des nouvelles conventions sont mis au point avec les musiciens le 1er juin à 4 heures du matin. L'Opéra va pouvoir repartir sur de nouvelles bases.

Pour parachever le dispositif, le ministère confirme

le 18 juin (date symbolique) qu'il a fait appel à Rolf Liebermann pour assurer la responsabilité d'Administrateur général de l'Opéra de Paris à partir du 1er janvier 1973.

Le Palais Garnier rouvre le 30 septembre — sans troupe et sans choristes — avec *La Walkyrie*, dans la production de Wieland Wagner et avec Régine Crespin en Sieglinde. Les créations d'*Il Tabarro* et *Gianni Schicchi* de Puccini (mis en scène par Jean Le Poulain), une reprise du *Barbier de Séville* d'Aix-en-Provence dans les décors de Jean-Denis Malelès et une série de récitals (de Mady Mesplé, Elisabeth Schwarzkopf, Boris Christoff, Christa Ludwig) viennent boucler cette année 1971.

L'année 1972 est bâtie sur le même moule: des récitals encore (Gérard Sauzay, Montserrat Caballé, Régine Crespin, Leontyne Price, Tatiana Troyanos, Teresa Berganza, Nicolaï Gedda); des reprises, *Tristan*, *Salomé*, *Turandot*, *La Walkyrie* (dont la représentation du 29 juin marque les adieux d'Hans Hotter), *Norma* (dont la représentation du 4 octobre doit être interrompue par suite d'un malaise de Montserrat Caballé: malédiction de *Norma*!) *Tosca*; une nouvelle production du *Dialogues des Carmélites* confiée à Raymond Rouleau, le metteur en scène de la fameuse *Carmen* (mais il ne fait cette fois appel à aucun animal) avec toujours Régine Crespin et la lumineuse Blanche de Suzanne Sarroca.

Et deux créations: *Benvenuto Cellini* de Berlioz d'abord, qui répare un peu l'injuste indifférence dont est victime dans son pays ce grand compositeur français; et surtout *Die Frau ohne Schatten* (*La Femme sans ombre*) de Richard Strauss.

Le projet a été initié du temps de René Nicoly, à l'instigation de Georges Prêtre, mais ce sont Daniel Lesur et Bernard Lefort qui l'ont mené à bien. Le 11 octobre 1972, c'est soir de fête à l'Opéra: la mise en scène de Nikolaus Lehnhoff et les décors de Jorg

Régine Crespin, interprétant Madame Lidoine dans Dialogues des Carmélites, *en 1972.*

Ruth Hesse et Christa Ludwig dans
La Femme sans ombre *de Strauss, en 1972.*

Zimmermann éblouissent par leur profusion, leurs couleurs, leur imagination en mouvement. Plus important encore, l'œuvre est musicalement servie au mieux de ce qui existe alors au monde: sont réunis Leonie Rysanek, bouleversante Kaiserin, Christa Ludwig, Ruth Hesse, James King et Walter Berry sous la direction magistrale de Karl Böhm. Est-ce bien l'Opéra de Paris? On se frotte les yeux et les oreilles: on a l'impression d'entrer dans une nouvelle ère. On y entre en effet.

Rolf Liebermann.

Chapitre quinze

Paris, capitale de l'art lyrique

Cette ère nouvelle, c'est ce qu'il est désormais convenu d'appeler «l'ère Liebermann».

Rolf Liebermann est né à Zurich en 1910. Il poursuit ses études au conservatoire de Zurich parallèlement à une jeunesse bohème où il n'hésite pas à faire le pianiste dans les cabarets ou dans les cinémas muets et le critique musical (brièvement). Puis, en 1936 c'est la rencontre d'Hermann Scherchen, dont il devient l'assistant, qui lui ouvre des horizons nouveaux. Et singulièrement dans le domaine de la composition qu'il pratique très tôt sur les conseils de Scherchen, après avoir songé plutôt à devenir chef d'orchestre. Il composera ainsi dans les années cinquante trois opéras, sur des livrets d'Heinrich Strobel, *Léonore 40/45*, *Pénélope* et *L'École des femmes*. Son écriture se révèle très originale, utilisant tout à la fois le sérialisme et les acquis du jazz, jouant sur la ligne (les lignes) musicale autant que sur les rythmes, projetant les timbres et les couleurs instrumentales sur une sorte d'échiquier dramatique dénotant un très sûr sens du théâtre[1]. Mais Rolf Liebermann se retrouve bientôt à la radio et plus précisément directeur musical de la Nord Deutsche Rundfunk — jusqu'à ce qu'en 1959 on lui propose la direction de l'Opéra de Hambourg. Il en fait alors un

1. Le nouvel opéra qu'il a composé, trente ans après, sur un livret d'Hélène Vida, tiré d'une pièce d'Ostrovski, *La Forêt*, créé à Genève en 1987, montre une profonde évolution, un intérêt neuf pour la mélodie, le bel canto même, à travers une écriture d'un extrême raffinement tant vocal qu'orchestral.

des hauts lieux de l'activité lyrique mondiale et attire pendant quatorze ans tous ceux qui, à côté d'un répertoire présenté dans des versions de grande qualité, veulent découvrir l'opéra contemporain. Se succèdent ainsi les créations, de Henze à Penderecki, d'Einem à Kagel avec une audace qui finit par être remarquée... jusqu'en France même. Quelqu'un glisse un jour à l'oreille du ministre Jacques Duhamel, qui cherche une personnalité capable de redonner vie à l'Opéra de Paris, le nom de Rolf Liebermann. D'autant que ce dernier vient d'annoncer qu'il souhaitait mettre fin à son activité à l'Opéra de Hambourg.

La suite, Rolf Liebermann la raconte : « Pendant mes vacances à Saint-Moritz, en février 1971, je reçus un coup de téléphone de Paris : un certain Marcel Landowski, directeur de la Musique, demandait à me rencontrer quelque part en Suisse. Je crus tout d'abord qu'il voulait me proposer une mission de conseiller pour l'Opéra de Paris [...]. Je n'avais nulle envie d'entreprendre une telle corvée et c'est par pure politesse que je fixai rendez-vous à Landowski ; nous décidâmes de nous voir à Zurich. [...] A mon grand étonnement, on me proposa aussitôt la direction de l'Opéra de Paris. Ma première réaction fut négative, la deuxième aussi, et également la troisième. [...] Je commençai à changer d'avis en comprenant qu'il faudrait repartir presque de zéro. L'Opéra de Paris était fermé depuis plus d'un an. Tous les contrats avaient été annulés, les conventions collectives dénoncées. Il n'y avait plus ni chœur ni troupe permanente. Je me trouvais devant une situation qui ne se présente jamais plus d'une fois par siècle, et cette perspective me séduisit. »

C'est donc en 1973 que commence l'ère Liebermann, l'entrée en fonction du nouveau maître des lieux étant fixée au 1er janvier. Son arrivée est d'ailleurs saluée par une série de manifestations d'un chauvinisme indigne dont la palme de la bassesse revient sans doute à Bernard Gavoty, le sénile chroniqueur du *Figaro*. Mais Liebermann est un seigneur, il sait traiter cela par le mépris : il s'attelle aussitôt à sa tâche, il a la confiance du ministre, Jacques Duhamel, et du président de la République Georges Pompidou, mais il a aussi, surtout une mission : reconstruire l'Opéra. « Je veux faire de Paris la capitale européenne de l'art lyrique », déclare-t-il : l'enjeu est ambitieux, la mise en œuvre en sera éclatante.

Bien sûr, Rolf Liebermann a disposé de crédits et de conditions dont n'avaient pas bénéficié ses prédécesseurs. Mais si c'est l'argent qui *permet* la réalisation des idées, ce n'est pas lui qui les donne, ce n'est pas l'argent qui fait oser des spectacles où des talents inédits à l'Opéra sont confrontés à ce monde qu'ils éclairent nouvellement.

Mais avant la mise en œuvre des spectacles eux-mêmes, Rolf Liebermann, dans sa volonté de transformer les saisons lyriques de l'Opéra en « festival permanent », change le système même des spectacles, leur organisation au long de l'année en faisant passer le Palais Garnier de « théâtre d'alternance » à « théâtre de *stagione* ». Qu'est-ce que cela veut dire ? Jusqu'alors l'Opéra a fonctionné en donnant chaque jour une œuvre différente : c'est le système de l'*alternance* en vigueur dans la plupart des théâtres du monde. La troupe permet d'avoir toujours à l'affiche une série d'ouvrages et l'on agrémente simplement de temps en temps les distributions par une star extérieure qui vient pour une ou quelques représentations. Au contraire, Rolf Liebermann introduit à l'Opéra le système de *stagione* : chaque ouvrage est donné pour une série de représentations consécutives réparties sur trois semaines à un mois, avec les *mêmes artistes* de la première à la dernière de ces représentations. C'est le système en vigueur dans les festivals d'été, qui garantit pour le public une qualité égale du début à la fin d'une série de représentations et qui permet par ailleurs d'accorder plus d'attention à la mise en scène du *seul* ouvrage préparé.

Dans le cadre de ce système, Rolf Liebermann va pouvoir attirer à l'Opéra de Paris les plus grands artistes, assurés de travailler dans les meilleures conditions de répétition et de spectacle, avec des partenaires qui seront toujours les mêmes et qui d'autre part seront choisis minutieusement. Car, puisqu'il n'y a plus de troupe, il faut pour chaque ouvrage bâtir une distribution jusqu'au plus petit rôle: c'est un avantage appréciable quant à l'homogénéité des plateaux, on s'en rendra compte.

Pour le public l'ère Liebermann commence au printemps 1973, le 4 avril exactement, avec *Orphée et Eurydice* de Gluck mis en scène par le cinéaste

Les Noces de Fig
Gior

René Clair avec une chorégraphie de Georges Balanchine. Nicolaï Gedda chante Orphée: mieux, il *est*
Orphée. Les décors de Bernard Daydé évoquent
Gustave Moreau — ce qui est d'ailleurs un problème
pour Balanchine dont la chorégraphie paraît quelque
peu en porte à faux dans cet univers —, et le spectacle
ravit la plupart comme un agréable hors-d'œuvre.

Mais le véritable coup de gong qui marque le
renouveau et demeurera la griffe de l'ère Liebermann, ce sont bien sûr *Les Noces de Figaro* dans la
mise en scène de Giorgio Strehler. En fait, quelques

...s la mise en scène de
...ehler.

privilégiés ont pu, en avant-première, goûter ce spectacle dans le cadre exquis et singulièrement adéquat du Théâtre Gabriel, l'Opéra royal du château de Versailles, où il a été donné deux soirées de gala. Le 7 avril, il illumine pour la première fois le Palais Garnier. Car ce spectacle, qui triomphe dès le premier jour et ne cessera pas de le faire à chacune des 55 représentations données jusqu'en 1980 (avec un taux de fréquentation de 110,55 pour cent!) est en effet une pure merveille. Dans de superbes décors d'Ezio Frigerio (quatre actes, quatre étages du palais, quatre moments de la journée), Strehler a réglé une mise en scène d'une finesse, d'une intelligence, d'une acuité qui feront date. Chaque geste est pensé, résonnant du texte à la musique, faisant ricocher l'un sur l'autre, dévoilant des perspectives neuves sur la sensualité brûlante qui baigne cette œuvre, sur ce qu'elle fait pressentir. Et la distribution est fastueuse, de Gundula Janowitz à Mirella Freni ou de Gabriel Bacquier à José van Dam, avec une révélation bouleversante de vérité et d'ambiguïté, de tendresse et de palpitation, celle de Frederica von Stade en Chérubin. La jeune Américaine de 28 ans devient d'emblée la coqueluche du Tout-Paris lyricomane : elle le restera. Enfin, dans la fosse, galvanisant l'orchestre de l'Opéra, ce n'est rien moins que Georg Solti, choisi par Rolf Liebermann pour diriger ces *Noces*. Le ton est donné. Les spectateurs qui sortent du Palais Garnier en ce printemps 1973 le savent : quelque chose a changé.

Dire qu'à partir de cet état de grâce tout a été ensuite d'une facilité limpide serait assez loin de la réalité. D'abord, on l'a dit, Rolf Liebermann a été accueilli sans aménité par certains qui ne vont pas ménager leur attention sourcilleuse; les syndicats d'autre part sont toujours — comme ils le disent — « vigilants ».

Et puis il y a sinon tout, du moins beaucoup à faire : reconstituer les chœurs, qui vont être réengagés sur la base d'un concours de haut niveau, dont le jury, présidé par Daniel Lesur, comporte Rolf Liebermann et Georg Solti. Nombre d'anciens solistes de la troupe la réintègrent d'ailleurs ainsi. Le résultat en sera une phalange de haut niveau international, peut-être la meilleure du monde. Les services techniques sont aussi à réorganiser ; ce sera la tâche de Bernard Daydé qui y fera merveille. Tout comme Janine Reiss saura entièrement redynamiser les études musicales à l'Opéra, ou comme Joan Ingpen saura donner à ses fonctions de conseillère à la programmation une place essentielle et reconnue.

Car Rolf Liebermann sait admirablement s'entourer ; son équipe sera capable de l'aider à réaliser cette résurgence de l'Opéra de Paris. Dans cette équipe, d'ailleurs, on ne tardera pas à remarquer celui dont Rolf Liebermann fait son bras droit, avec le titre d'Administrateur adjoint : Hugues Gall. A 33 ans, il va devenir un des personnages les plus importants du Palais Garnier. Passé par le cabinet d'Edgar Faure à l'Éducation nationale, puis par celui d'Edmond Michelet à la Culture, il a été nommé en 1969 secrétaire général de la R T L N ; à ce titre, il a été un conseiller précieux pour Marcel Landowski et a en même temps appris le fonctionnement de ce monstre, le Palais Garnier. Rolf Liebermann comprend dès son arrivée qu'il peut s'appuyer sur ce jeune homme dont le charme caustique cache une grande capacité de travail, dont l'efficacité est d'autant plus grande qu'elle sait se faire discrète. Durant les sept années de son règne, Rolf Liebermann saura pouvoir compter chaque jour sur la présence, le dévouement mais aussi la faculté de jugement et d'initiative d'Hugues Gall, qui, assumant la charge du quotidien, permettra au « patron » de prendre les grandes décisions — un peu comme dans le couple président/Premier ministre tel que l'a institué la Ve République. Et quand en 1980 Rolf Liebermann quittera le Palais Garnier, Hugues Gall sera prêt à assumer de nouvelles fonctions, en l'occurrence la direction de l'Opéra de Genève. Il y a, à son tour, fait suffisamment merveille pour que, l'Histoire se répétant, des émissaires du ministère de la Culture fassent à nouveau, dès 1986, le voyage en Suisse pour lui proposer la direction de l'Opéra de la Bastille... Mais ceci est une autre histoire.

L'année 1973 continue donc à l'Opéra après ces éblouissantes *Noces de Figaro.* Un *Parsifal*, avec Helge Brilioth et Josephine Veasey, dont la mise en scène d'August Everding ne renouvelle pas l'enthousiasme suscité par celle de Strehler ; une nouvelle production du *Trouvère* de Verdi très colorée et vivante, où l'on peut applaudir les superbes voix de Placido Domingo, Piero Cappuccilli ou Shirley Verrett (qui tous débutent à l'Opéra de Paris).

Et en septembre l'Opéra ouvre sa saison en créant *Moïse et Aaron* de Schönberg que dirige Georg Solti. C'est une partition difficile, de style dodécaphonique ; Rolf Liebermann a alors l'idée d'y préparer le public en organisant la veille de la première, avec l'aide de la cellule de dramaturgie qu'il a mise en place (constitué d'Inge Thaes, Louis Dandrel et Jean-Marie Villegier), une journée « portes ouvertes » avec exposition, auditions, tables rondes, destinées à expliquer l'œuvre et sa réalisation. Expérience réussie et passionnante qu'hélas Rolf Liebermann ne pourra renouveler du fait de l'intransigeance et de la mauvaise foi des machinistes hostiles aux initiatives leur procurant un surcroît de travail.

L'opéra suivant, *La Bohème* de Puccini, est une « création » à l'Opéra puisqu'il n'y a jamais été joué, étant jusque-là réservé au répertoire de l'Opéra-Comique. Le spectacle mis en scène par Gian-Carlo Menotti dans un spectaculaire décor de Luigi Samaritani (qui provoquera souvent des applaudissements au lever du rideau sur le Café Momus) recueille grand succès bien sûr.

L'année 1974 s'ouvre en revanche par un grand échec : celui de *Don Quichotte* de Massenet ; c'en est aussi la création au Palais Garnier, mais la mise en scène de Peter Ustinov fait se hérisser le poil des abonnés et susciter un tel chahut à répétition — malgré la direction de Georges Prêtre et la présence de Nicolaï Ghiaurov — que la décision est prise, dès la fin de la première série, d'annuler la reprise prévue! Lui succède une production de *Tosca* en provenance de Hambourg, parfaitement conventionnelle, et n'ayant comme seul intérêt que de faire entendre à un public subjugué le Cavaradossi de Placido Domingo.

Les Vêpres Siciliennes de Verdi permettent de renouer avec les hauteurs: l'immense escalier conçu par Svoboda sur lequel pleut une lumière qui cisèle la tragédie, s'inscrit dans les mémoires. Et puis Placido Domingo, Martina Arroyo ou Roger Soyer servent parfaitement cet opéra qui n'avait pas été joué à l'Opéra de Paris depuis... 1855, date de sa création, à la Salle Le Peletier. Notons aussi: lors de la reprise en novembre, Rolf Liebermann fera débuter dans le rôle de Procida une jeune basse italienne de 33 ans, Ruggero Raimondi.

Encore une création le mois suivant, celle du *Così fan tutte* de Mozart que Rolf Liebermann confie à l'imagerie de Jean-Pierre Ponnelle, le plus allemand des metteurs en scène français. Hélas, cette unique rencontre de Ponnelle avec le Palais Garnier ne sera pas une réussite: un peu froide, manquant de la nécessaire ambiguïté mozartienne, parfois vulgaire, la mise en scène de ce *Così* ne convainc pas. Heureusement la direction musicale de Josef Krips retrouve du chef-d'œuvre de Mozart les vraies beautés secrètes: ce sera la dernière apparition du grand chef dans la fosse.

Puis August Everding met en scène dans un étonnant décor torturé du Polonais Andrzej Majewski l'*Elektra* de Strauss qui vaut surtout par son époustouflant trio de dames, Birgit Nilsson, Leonie Rysanek et Christa Ludwig, sous la direction de Karl Böhm: impressionnant! La création à l'Opéra de la *Manon* de Massenet dans la mise en scène de Jean-Louis Thamin passe ensuite presque inaperçue.

En octobre, il en va tout autrement pour *Les Contes d'Hoffmann* d'Offenbach: c'est à Patrice Chéreau que Liebermann en a confié la mise en scène et c'est, après les *Noces* initiales, le second coup d'éclat de son règne. Épuisés par tant de représentations banales bâclées, *Les Contes d'Hoffmann* sem-

Les Contes d'Hoffmann *d'Offenbach dans la mise en scène de Patrice Chéreau, en 1974.*

blent réinventés par la *vision* qu'en propose Patrice Chéreau. Dans un splendide décor biface de Richard Peduzzi — d'un côté les docks sombres d'une ville du Nord, de l'autre une grande maison blanche, comme une boîte à mystères —, avec une lumière coupante et limpide, mouvante, Patrice Chéreau met en place tout un monde de silhouettes inquiétantes dans une ambiance cruelle traversée de scènes symboliques. Images de femmes aimées et perdues qui ont fait Hoffmann en le défaisant. Vision expressionniste évoquant parfois Wedekind, en rappelant les fulgurances du cinéma muet, de *Mabuse* à *Nosferatu*. Lui redonnant l'intensité nue d'un fantastique déchirant et maléfique, Patrice Chéreau éclaire comme jamais ce drame de la passion et de la déchéance, en se faisant, étrange et sublime comme une sonate funèbre, l'écho kierkegaardien d'une esthétique du désespoir. On se doute qu'un tel parti pris passe mal auprès des « habitués »: ce spectacle provoque quelques remous, d'autant que, pour tout arranger, une cabale indigne s'acharne sur Régine Crespin qui connaît alors quelques problèmes vocaux, mais tout le monde s'accorde à saluer le magnifique Hoffmann de Nicolaï Gedda. Pourtant ce spectacle demeurera un des points forts de ces années.

Bien plus que le *Don Carlo* qui ouvre l'année 1975 et qui n'est que la reprise du spectacle de Margarita Wallmann et Jacques Dupont, datant du mandat de Georges Auric. Suit une nouvelle présentation de *Don Giovanni*, mis en scène encore une fois par August Everding dans les décors funèbres de Toni Basinger. Il n'est pas inoubliable — mais la distribution, portée à l'incandescence par la direction de Georg Solti, est de celles qui font date, avec surtout l'affrontement au sommet de deux stars du chant, Margaret Price en Anna et une nouvelle venue en Elvira, la belle Kiri te Kanawa. Et quand en septembre, la reprise de ce *Don Giovanni* amènera dans le rôle-titre Ruggero Raimondi à endosser l'habit du libertin auquel il donnera un quelque chose de fauve, ce sera du délire. Taux de fréquentation: 109,13 pour cent; les places aveugles n'empêchent pas d'entendre. Quelques années plus tard le fameux film de Losey le révélera à des centaines de milliers de spectateurs.

En mai, une nouvelle création de Verdi au Palais Garnier: *La Forza del Destino* (*La Force du Destin*). La mise en scène signée John Dexter ne renouvelle pas la forte impression de ses *Vêpres Siciliennes*: il est vrai que le décor n'est pas signé Svoboda. La distribution en revanche est brillante, avec les Domingo, Arroyo, Cossotto, Bacquier qui font à présent l'ordinaire de l'Opéra, et en Padre Guardiano, un nouveau venu, la formidable basse finlandaise Martti Talvcla.

Mais, le mois suivant, *Faust* fait s'abattre une nouvelle tempête sur le Palais Garnier, bien plus violente que pour *Don Quichotte* où la querelle n'était qu'esthétique ou que pour *Les Contes d'Hoffmann*. *Faust* est, en effet, la marque même du patrimoine lyrique français et le metteur en scène argentin Jorge Lavelli vient carrément, comme un terroriste, faire

sauter l'édifice d'une tradition entretenue depuis plus
d'un siècle. Ce n'est plus une querelle esthétique,
c'est un sacrilège !

Effectivement, l'action est resituée à l'époque de sa
création, à la fin du XIXe siècle : un de ces grands
pavillons Baltard de métal et de verre remplace le
Moyen Âge de carton-pâte habituel et Méphisto n'a
plus de « plume au chapeau » ni « d'éperon au côté »
mais un habit et un chapeau claque — comme Faust
dont il est le double —, et Marguerite termine dans
un cul-de-basse-fosse, les bras ligotés dans une
camisole de force ! Deux scènes mettent tout particulièrement en rage les habitués : d'abord le jardin de
Marguerite encombré de draps blancs, signes exhibés

Faust *de Gounod dans la mise en scène*
de Jorge Lavelli, en 1975.

de la sexualité, puis le retour des soldats qui, en
contrepoint de cette marche guerrière qu'ils chan-
tent, sont estropiés, éclopés. C'est le retour de Sedan !
Le scandale est immense, les anti-Lavelli invectivant
ses partisans, peu nombreux au départ, le ton monte
aux entractes, on en vient presque aux mains. *Faust*
retrouve pourtant sous le regard aigu de Lavelli une
force, une actualité qu'il n'a peut-être jamais eue.
D'autant que, cela va sans dire, l'exécution musicale,
avec Nicolaï Gedda, Mirella Freni et Nicolaï Ghiaurov est, elle, complètement inattaquable.

194

Il y a longtemps que l'Opéra de Paris n'avait connu une telle ébullition; tout le monde en parle, le taux de fréquentation de ce *Faust* dépasse les 100 pour cent (il faut l'avoir vu!). l'Opéra est à nouveau «à la mode».

Et ce n'est pas la grève des machinistes — qui oblige à jouer cinq représentations de *Faust* sans décor — qui arrête le mouvement.

En revanche, la nouvelle production d'*Ariane et Barbe-Bleue* de Paul Dukas n'excite guère le public. La production de Jacques Dupont est un peu trop kitsch et l'œuvre se ressent de son manque total de dramatisme. Malgré Grace Bumbry, le taux de fréquentation n'atteint pas les 75 pour cent.

*Mirella Freni interprétant Marguerite
dans* Faust, *en 1975.*

Après la rentrée, la retransmission télévisée en direct de *Don Giovanni*, inaugurant la politique de collaboration avec la télévision sous l'impulsion de Marcel Jullian, est une première marquante qui confirme le regain d'intérêt pour l'art lyrique dans le grand public, sa curiosité du moins. Une remarque en passant, ce *Don Giovanni* télévisé réunit Ruggero Raimondi, Edda Moser, Kiri te Kanawa... comme certain film quatre ans plus tard: Daniel Toscan du Plantier aurait-il regardé la télévision ce 24 septembre?...

La nouvelle production de *Samson et Dalila* qui suit n'est pas des plus brillantes : le pompiérisme de Saint-Saëns y est traduit au premier degré. On tourne vite la page.

1976 s'ouvre avec une nouvelle production du *Chevalier à la rose* dans de majestueux décors d'Ezio Frigerio : Christa Ludwig est une émouvante Maréchale automnale qui jette un ultime regard mélancolique sur l'Octavian d'Yvonne Minton, dont l'avenir s'incarne dans la Sophie de Lucia Popp. Beau spectacle, un peu trop « grandiose » peut-être mais finalement assez bien dans l'esprit de la Vienne de Marie-Thérèse.

Arrive alors *L'Enlèvement au Sérail* que Liebermann confie au metteur en scène Günther Rennert et à Bernard Daydé pour les décors. Karl Böhm dirige, gage de qualité musicale, et Christiane Eda-Pierre va trouver en Konstanze la consécration qu'elle méritait depuis longtemps. Mais cet *Enlèvement au Sérail* est une date marquante moins par le spectacle que par le séisme qu'il va déclencher. Laissons Rolf Liebermann raconter :

« Rien à signaler de particulier à la générale de *L'Enlèvement*, monté pour mettre en valeur Christiane Eda-Pierre qui chante pour la première fois Konstanze. Böhm en est ravi et je sens même mon ami Rennert, toujours sceptique, relativement content. Une seule ombre : le préavis de grève des machinistes pour la première.

« Une demi-heure avant le lever du rideau, c'est l'échec des négociations. La première est annulée sans que le public ait pu être informé à l'avance. Or cette soirée avait été offerte par le président de la République, Valéry Giscard d'Estaing, à "quinze cents Français méritants" venus des quatre coins de France.

« Depuis de nombreux mois, seul conscient du danger qui planait sur le projet présidentiel, j'avais négocié avec les syndicats et nous avions réussi à trouver un accord quinze jours avant la date fatidique. Pour s'appliquer, cet accord devait être entériné par les ministères de tutelle. Ils ont refusé de le signer.

« Le président m'a tenu pour responsable des grilles fermées. C'était "la disgrâce".

« L'échec de cette soirée a été le point de départ d'une réorganisation administrative de l'Opéra de Paris, préconisée depuis 1975 par une commission d'enquête : c'est le signal de l'hallali. Ayant perdu la protection de l'Élysée, je fus livré à la lutte des bureaucrates pour le pouvoir. On va peu à peu installer, pour coiffer le directeur administratif et financier et le directeur des Affaires sociales, un directeur général responsable de la gestion et directement rattaché au président du Conseil d'administration, en un mot, on enlève tout pouvoir de décision à l'Administrateur que l'on nomme Administrateur général pour le consoler. Cela sans ôter aux ministères de tutelle leurs prérogatives : tout ce joli monde est contrôlé par le contrôleur des Finances.

« Ce n'est pas la perte du pouvoir qui me chagrine mais concrètement les répercussions que cette bureaucratisation a sur la finalité de l'entreprise : la qualité de la production. Un exemple entre cent. En 1972, j'ai discuté pendant un an avec les musiciens de l'orchestre pour les convaincre qu'un Opéra de classe internationale, avec des chefs d'envergure, ne pouvait pas garder ce niveau si les musiciens à leur propre convenance changeaient à chacune des représentations de la même œuvre. J'ai finalement pu faire admettre le principe de l'exclusivité par œuvre [...]. La réorganisation a cassé cette conception, la seule qui garantisse un orchestre de premier ordre, et a réinstallé le système du roulement. Il nous arrive donc quotidiennement la mésaventure que raconte Bruno Walter. A la répétition générale d'un concert à Paris, le chef remercie un musicien d'avoir été présent à toutes les répétitions et se voit répondre : "Oh ! Maître ! Ce fut un grand plaisir de travailler avec vous mais, pour le concert, je ne suis pas libre." C'est pourquoi, aujourd'hui, Solti, échaudé, fait préciser dans son contrat qu'il exige qu'aucun musicien ne soit remplacé [...].

« Ainsi mille petits détails qui ne sont qu'une accumulation d'agaceries grippent la machine, sapent l'enthousiasme, créent la négligence, ne rapportent pas un sou en regard des dépenses nouvelles dues à cette réorganisation et contribuent à insinuer un esprit nuisible, ce " mal français ", ce cancer dont le public est la victime et qui en 1970 a permis au gouvernement de fermer l'Opéra.

« De calomnies en persécutions on a voulu me casser la colonne vertébrale et me ranger dans le placard du conseiller artistique du président du Conseil d'administration. Mon contrat m'a partiellement protégé, peut-être pas des infamies, mais il m'a permis, sans me contorsionner ni me mésestimer, de poursuivre mon travail. »

En effet, l'affront reçu par le président va avoir des conséquences graves. Deux mois plus tard, le Premier ministre, Jacques Chirac, découvre soudain que l'Opéra coûte cher, déplore que cet argent dépensé ne le soit que pour le plaisir de quelques-uns : ce genre d'argument lourdement démagogique fait toujours facilement mouche. C'est le prélude à ce qu'on appelle une « réorganisation » menée de pair avec une entreprise de dénigrement confiée, sous couleur de rapport officiel, à un inspecteur général des Finances, François Bloch-Laîné, qui s'acharne sur l'Administrateur avec une impudence rare dans ce genre d'exercice.

Mais la tension va monter d'un cran avec l'entrée en scène d'un jeune maître des requêtes au Conseil d'État que l'on a bombardé à la présidence du Conseil d'administration : il s'appelle Jean Salusse, fait un brillant début de carrière et ne rêve que de s'illustrer plus avant en montrant sa rigueur morale de Saint-Just des finances publiques face à ce Moloch dispendieux que représente l'Opéra. Il se dépense sans compter, mène les négociations avec le personnel pour une révision des conventions collectives, obtient du gouvernement une augmentation de la subvention de l'État et, s'appuyant sur la conclusion du perfide rapport Bloch-Laîné, tente de grignoter peu à peu la place et le pouvoir de l'Administrateur général. Le conflit est noué. Il se dénouera en drame.

Rolf Liebermann organise la riposte sur le terrain précisément où on l'attaque, celui des finances et s'avise, en même temps qu'il fait savoir à qui de droit, que le président du Conseil d'administration ferait bien de balayer devant sa porte avant de jouer les inquisiteurs... C'est la guerre dans les couloirs de l'Opéra, lieu passionnel s'il en est. D'autant qu'au-dehors, d'aucuns, dans la presse même, s'affairent à exciter les haines. Jean Salusse semble touché au vif par la contre-attaque de Rolf Liebermann. Que se passe-t-il donc dans sa tête le 23 juillet 1977? Ses nerfs lâchent-ils? Sait-il son honneur brisé? Chez lui, seul, au petit matin, il se jette par la fenêtre.

Saura-t-on jamais ce qui s'est réellement joué dans ce drame? «Seul, Michel d'Ornano, ministre de la Culture au moment des faits, peut en toute connaissance de cause juger de l'opportunité de publier le dossier qu'il possède sur cette catastrophe», dit Rolf Liebermann quelques années plus tard.

Toujours est-il que le suicide de Jean Salusse est le signal dans quelques organes de presse d'une campagne d'agressions calomnieuses à l'encontre de Rolf Liebermann, le rendant quasiment responsable de cette mort, les relents d'une grimaçante haine chauvine trouvant matière à s'exprimer à nouveau, à tel point qu'un grand journal allemand pourra parler de «nouvelle affaire Dreyfus».

Le 6 août pourtant, *Le Monde* publie une «Tribune libre» de Françoise Giroud qui resitue les choses dans leur juste enjeu: l'article mérite d'être lu, aujourd'hui encore il conserve une actualité.

Mais revenons en arrière pour suivre le fil des spectacles qui continuent au Palais Garnier. Après cet *Enlèvement au Sérail* — détonateur à son corps défendant —, la reprise de *Faust* excite à nouveau les passions, et les multiplie même par sa retransmission télévisée.

L'*Otello* présenté en juin dans la mise en scène de Terry Hands et les décors de Svoboda est inégal tant sur le plan de la mise en scène — qui, après une ouverture sensationnelle, les chœurs étagés sur une sorte de falaise secouée de tempête, perd un peu en intensité — que sur celui du chant. En effet, Placido Domingo, débutant dans le rôle-titre, est alors un peu « léger » vocalement. Le spectacle est beau, il n'est pas inoubliable.

On attend surtout, pour la fin de cette année 1976, après les reprises de *Samson et Dalila*, d'*Elektra* et du *Trouvère*, le début du *Ring* de Wagner que Rolf Liebermann a confié à Georg Solti pour la direction musicale et à Peter Stein et Klaus-Michaël Grüber pour la mise en scène. Patrice Chéreau vient, lui, de monter « son » *Ring* à Bayreuth.

Malheureusement non seulement le *Ring* parisien n'est pas à la hauteur de celui de Bayreuth mais, au-delà d'une comparaison toujours discutable, il n'apparaît pas, en soi, à travers ses deux premiers volets, très convaincant. Avec *L'Or du Rhin* Peter Stein transporte les dieux dans un monde où le prolétariat (les géants) est confronté à la bourgeoisie (les dieux) dont la décadence est manifeste. Cette bourgeoisie persiste pourtant à se raccrocher à un monde de signes, dont l'ultime renvoie à la fiction même du

L'Or du Rhin *dans la mise en scène de
Peter Stein, en 1976.*

théâtre, le Walhalla (Paradis des dieux) qui se dévoile à la fin n'étant autre que le Foyer de la Danse somptueusement illuminé.

Dans *La Walkyrie*, Klaus-Michaël Grüber, avec l'aide pour les décors du peintre Eduardo Arroyo, brouille plus carrément les pistes: des montagnes faites d'entassements de sacs de sable après un premier acte encombré d'un mur de vestons pendus laissant seulement poindre l'arrière-train d'un cheval(!), tout cela n'est pas d'une clarté lumineuse. Malgré quelques belles images, au dernier acte surtout avec ces poétiques sapins de Noël au milieu des sacs de sable, le propos paraît pour le moins incongru et chaotique. D'autant qu'il n'apparaît aucunement en continuité avec *L'Or du Rhin*. Bien sûr, ces deux spectacles sont musicalement admirables, tant orchestralement que vocalement — de Christa Ludwig à Gwyneth Jones, de Theo Adam à Peter Hoffmann, de Robert Tear à Kurt Moll, la distribution est du plus haut niveau —, mais il leur manque cette dynamique théâtrale qui fait les grands spectacles. Les deux dernières journées de ce *Ring* seront annulées du fait des réductions budgétaires: on ne saura jamais si une logique se serait révélée avec l'ensemble...

1977 s'ouvre avec une reprise de *La Bohème* qui réunit Placido Domingo et Mirella Freni sous la baguette de Giuseppe Patané: c'est cela le système de *stagione*, le luxe à chaque reprise. C'est ainsi que l'Opéra de Paris est redevenu une maison internationale.

En mars, l'iconoclaste Jorge Lavelli, le dynamiteur de *Faust*, revient à l'Opéra pour un nouvel opéra français, *Pelléas et Mélisande*. D'aucuns s'attendent au pire, à commencer par Mme de Tinan, fille de la seconde femme de Debussy et en l'occurrence héritière de ses «droits moraux». Elle va mener une horripilante guerre épistolaire avec Rolf Liebermann pour qu'il freine les ardeurs imaginatives de Lavelli, c'est-à-dire pour que Mélisande ait bien sa longue chevelure, qu'elle ait bien des fleurs dans les mains quand elle en parle, qu'elle ne soit pas vêtue de

« costumes modernes selon la tendance actuelle », etc.

Après un échange de 42 lettres, sans compter les réunions, le rideau peut enfin se lever le 18 mars 1977. C'est d'emblée un triomphe. Lavelli a su donner, en épurant chaque scène, un éclairage neuf, d'une poésie tendre, au chef-d'œuvre de Debussy trop souvent noyé dans un bric-à-brac « symboliste ». Lorin Maazel le dirige avec une palette de couleurs inédites et superbes. Et la Mélisande de Frederica von Stade en est une des incarnations les plus émouvantes qui soient, toute de frémissement, de froissement d'âme, avec une voix qui frôle comme un secret intérieur. Lavelli s'affirme bien alors comme un des grands rénovateurs de l'esthétique de l'opéra.

Après une telle réussite, l'échec de la nouvelle production de *La Flûte enchantée* n'en est que plus marquant. Rolf Liebermann voulait Ingmar Bergman. Celui-ci en a le désir, mais finalement renonce, obligeant Liebermann à se rabattre sur un certain Horst Zankl : c'est un désastre. Même une distribution hors de pair (Kiri te Kanawa, Edda Moser, Martti Talvela, Theo Adam) ne peut sauver ce spectacle hideux. Oublions.

Heureusement Jacques Rosner et son décorateur Max Schoendorff ramènent l'Opéra à son meilleur niveau avec *La Cenerentola* de Rossini qui y est à cette occasion créée. Il y a du Marcel Duchamp et du Max Ernst dans ce spectacle d'une poésie très originale où tous les décors sont suspendus, où l'on se déplace en ascenseur ou en montgolfière, où un escalier métallique en colimaçon semble flotter dans l'air, où le rêve fait de ces images comme des bulles de l'ère industrielle, de l'ère du Centre Pompidou aussi. Et pour chanter la Cendrillon rossinienne, deux voix divines alternent, comme elles se sont succédé dans le Chérubin des *Noces de Figaro* : celle de Teresa Berganza, plus fruitée, plus femme déjà, et celle de Frederica von Stade, plus transparente, plus tendrement émouvante. Cette petite merveille sera malheureusement aussi la seule œuvre de bel canto représentée durant le règne de Rolf Liebermann : pas

Frederica von Stade et Richard Stilwell dans Pelléas et Mélisande; *mise en scène de Jorge Lavelli en 1977.*

d'autre Rossini, pas un Bellini, pas un Donizetti, pas un Haendel. C'est dommage.

En octobre, on reprend cette adorable *Cenerentola*, la télévision la filme. On reprend aussi *Elektra, Le Chevalier à la rose* et ces deux premières journées du *Ring* avorté — avec lesquelles on passe à 1978.

C'est avec la reprise de *Faust* et des *Contes d'Hoffmann*, les mises en scène les plus discutées mais sans doute les plus passionnantes de ces deux dernières années, que s'ouvre l'année 1978, avant la création à l'Opéra du *Couronnement de Poppée* de Monteverdi.

Le spectacle partage la critique : c'est qu'il fait fi des recherches musicologiques qui se développent de plus en plus sur le style baroque et opte, dans le maquis des multiples versions suscitées par une œuvre dont nul n'a jamais vu l'original, pour celle réalisée par le musicologue anglais Raymond Leppard. La perspective d'une quelconque recherche d'authenticité dramatique est délibérément sacrifiée

Jon Vickers et Gwyneth Jones dans Le Couronnement de Poppée *de Monteverdi ; mise en scène de Gunther Rennert.*

au profit du spectacle, ou plutôt du spectaculaire. Il faut reconnaître que si l'on fait totalement abstraction du style montéverdien, le spectacle est dramatiquement assez excitant. Surtout du fait de l'extraordinaire distribution réunie: Jon Vickers, Gwyneth Jones, Christa Ludwig, Nicolaï Ghiaurov, Valerie Masterson, Isabel Garcisanz, Michel Sénéchal! En dépit de la direction parfaitement plate de Julius Rudel, des décors très laids et d'une mise en scène banale ou vulgaire, ces chanteurs d'exception représentent une œuvre qui, avec sa force dramatique, sa sensualité, son intensité emporte l'adhésion; que cette œuvre soit signée Monteverdi est une autre affaire...

Un nouveau problème se dresse devant Rolf Liebermann au moment où Poppée se fait couronner: il a commandé au metteur en scène Youri Lioubimov une production de *La Dame de Pique* de Tchaïkovski dont le projet semble particulièrement séduisant — trop séduisant sans doute au regard des responsables soviétiques qui ne connaissent pas encore, à l'époque, les vertus de la *perestroïka*. Accusé d'atteinte à « l'héritage culturel national » par M. Popov, « vice-ministre de la Culture » sous la pression de M. Souslov, gardien de l'idéologie soviétique, le visa de Lioubimov est annulé. Pas de *Dame de Pique*.

En catastrophe, Rolf Liebermann doit trouver une solution pour utiliser les chanteurs retenus pour cet opéra russe: il décide d'importer le spectacle qui vient de triompher à la Scala de Milan, *Madame Butterfly* de Puccini, mis en scène par Jorge Lavelli. A Paris, le succès est plus mitigé. La représentation est pourtant magnifique et la déchirure intérieure de la malheureuse Cio-Cio-San montrée avec une tension bouleversante rarement atteinte, dans sa cruauté nue.

A la rentrée 1978, un événement fait frissonner à nouveau le public de l'Opéra: c'est la création de *Simon Boccanegra* de Verdi dans la sublime production que Giorgio Strehler en a monté à la Scala de Milan. C'est véritablement une splendeur: les décors d'Ezio Frigerio, la mise en scène, la distribution fastueuse (Cappuccilli, Freni — remplacée le soir de la première par Ricciarelli —, Ghiaurov, Luchetti) sous la direction de Claudio Abbado, tout est au niveau de l'exceptionnel. Triomphe. Taux de fréquentation : 114,18 pour cent, un record !

Commence alors le 7 novembre pour les deux dernières saisons de l'ère Liebermann, une série de récitals de voix prestigieuses qui, eux aussi, vont atteindre des taux de remplissage pharamineux et être chaque fois des fêtes vocales éblouissantes. Se succéderont ainsi Leontyne Price, Christa Ludwig, Frederica von Stade, Margaret Price, Birgit Finnilä, Luciano Pavarotti, Edita Gruberova, Shirley Verrett, Alfredo Kraus, Peter Schreier, Katia Ricciarelli, Mirella Freni.

Des reprises (*L'Enlèvement au Sérail, Samson et Dalila*), des concerts, une grève des machinistes, rien de bien marquant pour terminer 1978.

Mais la grande affaire de 1979, c'est la création très attendue de *Lulu* d'Alban Berg. Ce sera de surcroît la première création mondiale du troisième acte « restitué » par Friedrich Cerha à partir du matériel laissé par Berg à sa mort. Là encore de sombres querelles de droits contre l'éditeur de Berg, sa veuve, puis ses ayants droit ont failli empêcher la représentation de la version complète de ce chef-d'œuvre de l'opéra du XXᵉ siècle. Et pour ne pas être en reste, les machinistes ont l'idée de déposer un préavis de grève pour le jour de la première ! Finalement tout se règle in extremis et le rideau peut se lever le 24 février sur le choc d'un des spectacles les plus bouleversants de la décennie.

L'équipe réunie pour cette création est celle qui vient de s'illustrer à Bayreuth avec le *Ring* : Patrice Chéreau, metteur en scène, Richard Peduzzi, décorateur, Pierre Boulez, chef d'orchestre.

De grands murs de marbre noir, ceux d'un bunker ou ceux d'un tombeau, emprisonnent dans une lumière glauque les contorsions ultimes d'êtres livrés à leur décadence, à leur déchéance. Univers morbide

Gerd Niemstedt et Teresa Stratas dans la version intégrale de Lulu *de Berg ; mise en scène de Patrice Chéreau en 1979.*

où l'esthétique de Fritz Lang semble trouver sa dimension théâtrale, le spectacle est un véritable choc. D'autant qu'il est, bien sûr, musicalement au sommet, avec surtout la Lulu de Teresa Stratas, comme portée à l'irrémédiable, se consumant dans une sorte d'éclat suicidaire, célébration d'une agonie tumultueuse qui est aussi celle de l'Opéra.

La première a attiré, outre les officiels nombreux, des mélomanes passionnés venus du monde entier, et aussi le Tout-Paris qui souffre un peu sans doute car l'œuvre n'est pas d'une consommation facile. Mais tout le monde a conscience que cette création est historique.

Après cette *Lulu*, culmination de l'ère Liebermann, on n'atteindra plus ces sommets. La tension avec le pouvoir politique d'une part, les restrictions budgétaires d'autre part donneront aux derniers mois de ce règne une manière d'amertume qui retentira quelque peu sur l'ambiance de la maison. C'est l'époque des reprises de spectacles antérieurs — à la qualité musicale toujours soignée —, des importations de spectacles, tel cet *Enfant et les sortilèges* de Ravel plein de charme dans la mise en scène de Jorge Lavelli, venue de la Scala. Il est couplé avec la création de l'*Œdipus Rex* de Stravinski dans un impressionnant décor noir très escarpé sur lequel se détache la robe rouge de la Jocaste de Viorica Cortez, sorte de cérémonial funèbre que la baguette de Seiji Ozawa fait vibrer.

Avec la Scala encore, un échange de production permet d'accueillir le *Wozzeck* mis en scène par Luca Ronconi et dirigé par Claudio Abbado pendant que *Lulu* du même Alban Berg est donnée à Milan. Mais la mise en scène de Luca Ronconi, trop systématique, fait perdre un peu de sa consistance au drame.

Le *Nabucco* de Verdi, créé en juin, est un échec symptomatique de ce que la maison échappe à l'Administrateur : dans une débauche de soie et d'or, Henri Rouse, se saoulant d'esthétisme, parvient à étouffer le message patriotique de Verdi et à noyer l'œuvre dans une bimbeloterie de bazar. « Comment un tel spectacle a-t-il pu m'échapper des doigts ? » confesse Liebermann ajoutant, ce qui donne la mesure de son retrait : « A la générale, nous étions aux Folies-Bergère, sans même la moindre fesse pour nous consoler. »

La dernière saison, où l'intérêt se reporte plus sur l'Opéra-Comique (on y donne une *Carmen* de luxe avec Berganza, Domingo, Raimondi et Ricciarelli), et sur un spectacle de Pierre Henry dans une étourdissante scénographie de Petrika Ionesco, *Les Noces chymiques*, offre la reprise de quelques productions marquantes, des *Contes d'Hoffmann* à *Faust* en passant par *Pelléas et Mélisande*, et une seule nouvelle production, celle de *Boris Godounov*, donnée pour la première fois dans la version réorchestrée par Chostakovitch.

Encore une fois Liebermann a essayé d'obtenir le concours de Youri Lioubimov, encore une fois l'URSS ne lui a pas accordé de visa. Liebermann songe un moment mettre en scène lui-même cet ultime spectacle... Mais c'est finalement à Joseph Losey, avec lequel il vient de faire le fameux film *Don Giovanni*, qu'il confie le tsar. Losey, prenant le parti d'une conception architecturale hardie, fait appel à un architecte, Emile Aillaud. Celui-ci occupe tout le plateau d'une immense couronne de tsar sous laquelle se tient l'orchestre. Les chanteurs jouant donc sur la fosse d'orchestre recouverte, leur liaison avec le chef (qui se trouve dans leur dos, sous la coupole) est assurée par des récepteurs de télévision. Ruggero Raimondi est le Boris voulu par Losey, sans cette barbe de vieillard dont on affuble habituellement le tsar mais avec une perruque noire qui lui fait

Ruggero Raimondi dans Boris Godounov *de Moussorgsky ; mise en scène de Joseph Losey en 1980.*

le visage cruel d'un Artaud torturé par la folie ; et son interprétation, à quelques pas du premier rang des spectateurs, prend une intensité hallucinante qu'on retrouvera rarement. Pourtant ce spectacle, malgré quelques images fulgurantes, ne convainc pas pleinement : l'idée était belle, il lui a sans doute manqué d'être creusée plus radicalement.

Le 14 juillet 1980, l'ère Liebermann s'achève comme elle avait commencé, par une ultime reprise de ces *Noces de Figaro* fétiches qui retrouvent leur distribution de 1973, Gundula Janowitz, Mirella Freni, Frederica von Stade, sous la baguette de Georg Solti.

Une grande période de l'Opéra de Paris s'achève avec ces sept années qui lui ont redonné le lustre international qu'il avait perdu. Hélas, Rolf Liebermann a tiré le dernier feu d'artifice : pendant les neuf années qui vont suivre, quatre directions se succéderont.

A peine est-il parti que nombre de ceux qui ne l'ont pas ménagé commencent à le regretter. Mais il est trop tard. Son équipe se disperse, une page se tourne ; elle a été prestigieuse, elle suscite encore aujourd'hui la nostalgie d'un âge d'or.

Chapitre seize

1980-1989 :
l'Opéra est-il mort ?

Pour succéder à Rolf Liebermann, on fait appel à Bernard Lefort qui, à 58 ans, prend donc les rênes de l'Opéra après une carrière de directeur déjà brillante, essentiellement à l'Opéra de Marseille et au Festival d'Aix-en-Provence. Il a su, ce qui n'était pas facile, succéder avec bonheur à Gabriel Dussurget, en choisissant d'ouvrir le répertoire d'Aix au bel canto romantique. Par ailleurs, on se souvient qu'il a été co-directeur de l'Opéra de Paris avec Daniel Lesur en 1971-1972, juste avant l'arrivée de Rolf Liebermann.

Jean-Philippe Lecat, alors ministre de la Culture, et Bernard Lefort.

Pourtant il commet sa première erreur en considérant ces années Liebermann comme une sorte de parenthèses, et en le marquant symboliquement: n'ouvre-t-il pas son mandat par une reprise du spectacle qui, en 1972, avait marqué son bref passage à la tête de l'Opéra, *La Femme sans ombre*? C'est une double erreur: tout d'abord le mépris ainsi implicitement affiché pour des années que tous s'accordent à reconnaître comme brillantes (indépendamment des conditions qui les ont permises) ne peut que choquer... ou demander un dépassement éclatant; ensuite, huit ans après (et huit années pendant lesquelles les spectateurs de l'Opéra ont été habitués le plus souvent au meilleur), la production de *La Femme sans ombre* a perdu de sa magie, paraît datée, encombrée, kitsch. L'effet escompté n'est pas au rendez-vous, malgré la puissante confrontation d'Hildegard Behrens et de Gwyneth Jones.

Ce n'est alors qu'une légère déception. La création de *Dardanus* de Rameau est, elle, un échec complet: les décors de Max Bignens et la mise en scène de Jorge Lavelli sont en total contresens, la direction de Raymond Leppard est lourde et même la touchante Iphise de Frederica von Stade ne peut sauver un spectacle totalement raté. La création à l'Opéra de *Jenufa* de Janácek, qui suit, est une bonne idée; elle s'accompagne hélas d'une mauvaise idée, celle de donner l'œuvre dans une traduction française à peu près inintelligible tant la prononciation des chanteurs est confuse. Par ailleurs, la production, venue de Stockholm est d'une sinistre médiocrité. Nouvel échec.

On ne se rattrape certainement pas avec Jean-Claude Riber, metteur en scène tâcheron du *Vaisseau fantôme*, malgré de beaux décors de Pier Luigi Pizzi et en dépit de l'émouvante Senta d'Hildegard Behrens. L'année 1980 s'achève avec un goût de cendres.

1981 s'ouvre avec *Peter Grimes* de Britten dans une mise en scène bien plate elle aussi, mais qui fait pourtant passer un frisson, celui du bouleversant Peter de Jon Vickers, personnage déchiré, labouré par les larmes de son désarroi. Mais, ensuite, *Un Bal Masqué* est si calamiteux, en dépit d'une magnifique distribution (Katia Ricciarelli, José Carreras, Leo Nucci, Viorica Cortez), que le public le chahute avec un excès à la mesure de sa déception. Le ton monte et José Carreras en vient même à insulter les spectateurs; Katia Ricciarelli, à bout de nerfs, veut interrompre les représentations. Bernard Lefort doit se déplacer jusqu'à son hôtel pour la convaincre de continuer. Chaque soirée s'annonce comme une corrida. Ambiance...

Le scandale qui éclate à nouveau avec le spectacle suivant, *Le Grand Macabre* de Ligeti mis en scène par Daniel Mesguich, est d'un autre ordre: c'est le compositeur lui-même qui le suscite en quittant bruyamment la salle au milieu de la première. Et bien sûr le bataillon des spectateurs les plus conservateurs s'anime contre tout à la fois la musique de Ligeti, l'œuvre elle-même et la mise en scène de Mesguich. Celle-ci fait paraître pour la première fois sur la scène du Palais Garnier des femmes entièrement nues, détail qui mobilise malheureusement plus les regards que la réelle invention de ce spectacle, servi par un époustouflant décor de Bernard Daydé, celui d'un

Le Grand Macabre *de Ligeti dans la mise en scène de Daniel Mesguich, en 1981.*

opéra éclaté, brisé, à demi effondré. Scandale sans doute, mais scandale sain.

Ce sera le seul véritable événement de cette première saison Lefort. Elle s'achève avec une *Arabella* de Strauss à la mise en scène à nouveau plus que médiocre, permettant seulement à Kiri te Kanawa de briller dans le rôle-titre ; avec encore un *Don Giovanni* très oubliable, en dépit de la présence de Ruggero Raimondi, auréolé de son triomphe cinématographique dans le même rôle. Enfin deux reprises, celle du *Turandot* de 1968 que vient remonter

Montserrat Caballé interprétant le rôle-titre de Turandot *de Puccini ; mise en scène de Margarita Wallmann en 1981.*

Margarita Wallmann avec Montserrat Caballé sous la direction du bouillant Seiji Ozawa, et celle de *La Force du Destin* — assurément pas la meilleure production du règne de Liebermann — dirigée, qui plus est, par l'insipide Gianfranco Rivoli. Rideau.

Manifestement Bernard Lefort déçoit. Pour tout arranger, la grogne syndicale reprend à l'intérieur de la maison en même temps que des cabales relayées par certains journaux aiguisent les esprits. Comme de surcroît l'Administrateur n'est pas du genre « diplomate », le ton monte autant à l'intérieur qu'à l'extérieur.

La seconde saison de Bernard Lefort s'ouvre au Palais des Sports avec *Carmen*. Ce pourrait être un grand et beau spectacle populaire, comme le fut en son temps celui de Raymond Rouleau. Hélas, un décor très laid d'Alain Batifoulier, une mise en scène sans intérêt de Marcel Maréchal et surtout des problèmes de sonorisation mal réglée font rater la fête espérée.

Pendant ce temps, quelques travaux entrepris au Palais Garnier déplacent les spectacles au Théâtre des Champs-Elysées. Là encore, rien de bien marquant : une reprise du *Chevalier à la rose* permet de réunir un superbe trio vocal (Kiri te Kanawa, Frederica von Stade, Kurt Moll) placé malheureusement sous la baguette un peu molle d'Andrew Davis. Une autre reprise, celle de l'éblouissante *Sémiramis* de Rossini mis en scène et décoré par Pier Luigi Pizzi possède, dans son éclat même, un goût de nostalgie, celle de la période aixoise de Bernard Lefort. Ce spectacle fut en effet créé au Festival d'Aix 1980 pour la dernière année de sa direction. On y retrouve Montserrat Caballé, Marilyn Horne, Samuel Ramey, Francisco Araiza : superbe souvenir ravivé, mais rien de neuf. Et l'année 1981 s'achève, après un consternant *Barbier de Séville*, sur un certain nombre de points d'interrogation : qu'est-il arrivé à Bernard Lefort ? Pourquoi la poisse le poursuit-elle ? Va-t-il demeurer à la tête de l'Opéra ? L'atmosphère est déjà empoisonnée.

Ce ne sont pas les mini-opéras contemporains présentés en novembre au Centre Pompidou sous l'égide de l'Opéra qui peuvent racheter cette impression de désolation. Si l'idée de cette commande effectuée par Bernard Lefort dès sa nomination était séduisante, le résultat en est affligeant. Pas de chance.

La seule réussite lyrique de cette période a pour cadre le Théâtre des Bouffes du Nord: Peter Brook y met en scène, avec une vérité et une modernité brûlantes, une version *digest* de *Carmen* réalisée par Marius Constant; quelques jeunes chanteuses s'y révèlent, Hélène Delavault, Zehava Gal, Véronique Dietschy. Malheureusement ce spectacle n'apparaît pas comme une émanation de l'Opéra de Paris — alors même que Bernard Lefort a été partie prenante de son élaboration. Mais la situation et l'ambiance sont telles que ne sont retenus que les actes pouvant être mis à son débit.

En janvier 1982, le Palais Garnier rouvre avec *Lohengrin* de Wagner. C'est à Jacques Lassalle et Yannis Kokkos qu'a été confié le spectacle: ils ne convainquent pas. Quelques belles images mais une grande froideur, l'œuvre semble flotter, perdre de sa chair. Le *Fidelio* de Beethoven qui suit est à nouveau un ratage: mise en scène insipide, direction de Seiji Ozawa décevante; heureusement le couple que forment Jon Vickers et Hildegard Behrens emporte l'émotion. Bilan mitigé. Même chose avec *Tosca* que met en scène Jean-Claude Auvray dans un décor inégal du peintre Jean-Paul Chambas (un premier acte superbe pour deux autres sinistres): Kiri te Kanawa est un peu trop grande dame dans le rôle-titre et Seiji Ozawa montre à nouveau ses limites de chef lyrique. Avec *Roméo et Juliette* de Gounod, Bernard Lefort tente encore d'insuffler à l'Opéra une nouvelle âme en faisant appel à des hommes de théâtre. Cette fois c'est Georges Lavaudant qui règle le spectacle dans un superbe décor de hautes futaies noires signé Jean-Pierre Vergier. De belles images, une belle et nerveuse direction d'orchestre, celle d'Alain Lombard (hélas relayé ensuite par le tonitruant Henry Lewis), un couple d'amoureux poétique, Neil Shicoff et Barbara Hendricks : voilà enfin un spectacle qui séduit ! Malheureusement tout retombe avec l'ultime production de cette saison, réunissant *Il Tabarro* de Puccini et *Paillasse* de Leoncavallo (avec pourtant Jon Vickers, bouleversant Canio).

Mais l'animosité d'une grande partie du personnel qui supporte mal ses foucades, l'hostilité — parfois orchestrée — d'un certain public, ajoutées à la lassitude et sans doute à la déception de n'avoir jamais réussi comme il l'espérait ont raison de Bernard Lefort : le 8 juin, il donne sa démission. Son bilan personnel est amer. Il n'a pas été aidé dans sa tâche, mais semble ne pas avoir su non plus ni prendre la mesure de cette maison redoutable, ni trouver le style qui lui aurait convenu.

En attendant que lui soit trouvé un successeur, c'est une direction collégiale qui se met en place pour un an. Elle est constituée de quatre personnes, Paul Puaux, président du Conseil d'administration, Alain Lombard, Directeur musical, Georges-François Hirsch, Administrateur de la Danse et Jean-Pierre Leclerc, directeur-général. Cette «bande des quatre», dont l'âme dynamique est en fait Alain Lombard, va réussir non seulement à mener à bien la saison préparée par Bernard Lefort mais encore à lui rajouter quelques surgeons supplémentaires avec plusieurs reprises fort bienvenues.

Un événement émouvant ouvre en septembre 1982 cette saison de transition : les adieux à la scène de la grande Galina Vichnevskaia dans son rôle fétiche de la Tatiana d'*Eugène Onéguine* de Tchaïkovski, dirigé par son mari Mstislav Rostropovitch, dans une mise en scène hélas médiocre de Gian-Carlo Menotti. Puis, après une reprise de *Roméo et Juliette*, la création du *Leur* de Aribert Reimann, un opéra impressionnant d'efficacité scénique sinon de subtilité musicale obtient un très remarquable succès pour une œuvre contemporaine. Une nouvelle production de *Falstaff* de Verdi, signée Georges Wilson, vient clore cette année 1982 assez mouvementée, sans apporter de frisson nouveau : mise en scène propre, direction claire (d'Ozawa), rien de spécial. Bien sûr la vie n'est pas devenue soudain d'un calme serein au Palais Garnier! Si l'attelage des quatre semble très bien fonctionner, si Alain Lombard y imprime de plus en plus nettement sa marque, étant plébiscité de surcroît par l'orchestre qui l'adore, il n'en est pas de même dans les coulisses où quelque agitation se fait très vite sentir. Il y a d'abord le suspense sur la nomination du futur Administrateur général. Bien entendu, quantité de noms s'échangent à la bourse des entractes, les journaux font circuler des hypothèses : l'Opéra est à présent non seulement une mode mais un phénomène public. Finalement Maurice Fleuret, le directeur de la Musique, annonce qu'il a choisi Massimo Bogianckino. C'est une surprise. Seul

Massimo Bogianckino avec Antoine Vitez.

Gérard Mannoni avait évoqué son nom dans *Le Quotidien de Paris* et rares sont ceux qui peuvent se prévaloir de connaître cet Italien qui a pourtant été directeur artistique de l'Opéra de Rome, du Festival de Spolète, de la Scala de Milan, et du Teatro Comunale de Florence. Mais, à l'instar de la levée de boucliers xénophobes qui avait dix ans plus tôt accueilli la nomination de Rolf Liebermann, des rumeurs plus ou moins malveillantes se propagent dans le petit monde lyrique à l'annonce de ce choix. Et une personnalité écoutée comme Sergio Segalini, le rédacteur en chef du magazine *Opéra international*, a beau vanter les mérites de l'Administrateur désigné, la méfiance s'installe malgré tout.

D'autant que « la Collégiale » s'acquitte fort bien de sa tâche : d'aucuns mettent donc en cause la nécessité de nommer un nouvel Administrateur alors que la Maison fonctionne parfaitement dans cette configuration. Parallèlement aux spectacles, on assiste donc à des manœuvres de coulisse visant d'abord à discréditer Massimo Bogianckino et à mettre en cause ses capacités à diriger l'Opéra de Paris. Mais celui-ci, bientôt installé à Paris pour préparer ses premières saisons, utilise le canal de la presse pour répondre vivement aux procès qui lui sont faits. Atmosphère !...

La saison n'en continue pas moins et 1983 s'ouvre par une reprise de *La Bohème* avant une nouvelle production de *La Chauve-Souris* de Johann Strauss, totalement catastrophique. Le metteur en scène d'avant-garde Richard Foreman bouleverse l'ordre des scènes, introduit un dromadaire chez le prince Orlovski, aveugle les spectateurs avec des projecteurs braqués sur le public et suscite un beau chahut. Une reprise des *Noces de Figaro* dans la mythique mise en scène de Giorgio Strehler vient calmer les esprits, bercés par le timbre enchanteur de la noble Comtesse de Margaret Price. Une reprise encore, celle de *Paillasse*, couplée à la création mondiale d'*Erzsebet* du compositeur français Charles Chaynes (superbe rôle pour Christiane Eda-Pierre), dans une mise en scène miroitante de Michaël Lonsdale, et c'est un nouveau scandale qui éclate avec la création au Palais Garnier de *Luisa Miller* de Verdi. Pourtant la distribution est sans doute la plus belle qu'on puisse rêver : Luciano Pavarotti, Katia Ricciarelli, Piero Cappuccilli! La direction d'Anton Guadagno n'est pas, il est vrai, des plus fines, pas plus que la mise en scène de Luciano Damiani n'est des plus réussies; rien pourtant ne justifie l'ire du public si ce n'est la mauvaise foi. Mais une fois encore les enjeux ne sont pas artistiques et la fête vocale ne suffit pas à calmer les esprits.

Parallèlement la « Collégiale » a entrepris de redonner toute son activité à la Salle Favart. S'y succéderont durant cette saison *Les Contes d'Hoffmann* dans la mise en scène de Jean-Pierre Ponnelle, *Carmen*, *L'Amour des trois Oranges* de Prokofiev (dans une très originale mise en scène de Daniel Mesguich), *La Traviata*, *La Belle Hélène* (dans une mise en scène désopilante de Jérôme Savary), *Dialogues des Carmélites* de Poulenc et *Ariane à Naxos* de Strauss qui permettra à un metteur en scène de 37 ans de faire ses débuts à l'Opéra; il s'appelle... Jean-Louis Martinoty. Le bilan, on le voit est loin d'être négatif. D'autant qu'il s'accompagne d'un réel effort en faveur de la communication. Deux exemples : la constitution d'une société de commercialisation des enregistrements vidéo de quelques-uns des spectacles de l'Opéra de Paris, et le développement d'une revue mensuelle, *Opéra de Paris* qui, durant cinq ans, va s'attacher à éclairer le public sur les artistes, les œuvres et l'Opéra lui-même. Elle contribuera ainsi à son rayonnement... avant d'être sabordée!

Le règne de la « Collégiale » s'achève pourtant dans une ambiance de conspiration. L'Opéra de Paris est-il donc condamné à être toujours un lieu de passions assassines?

Massimo Bogianckino prend officiellement ses fonctions à la rentrée 1983. Agé de 61 ans, c'est un homme d'une grande finesse, qui, outre son passé de directeur de théâtre, a aussi été pianiste (il a même travaillé avec Alfred Cortot) et est musicologue (il a publié plusieurs ouvrages, sur le théâtre lyrique à l'époque baroque, sur Scarlatti...). Il séduit d'emblée aussi bien le public que les médias par ses manières élégantes, son ton mesuré et, plus important, par la politique musicale qu'il compte instaurer à l'Opéra de Paris. Après trois années de convulsions diverses, la maison semble retrouver une certaine sérénité et quelque chose qu'on pourrait appeler un grand dessein.

Le premier spectacle du règne Bogianckino, en septembre 1983, est un coup de maître qui lui rallie immédiatement tous les suffrages : c'est le *Moïse* de Rossini dans sa version française écrite spécialement pour Paris. Ce premier choix est aussitôt l'effigie d'une politique voulue par Massimo Bogianckino : restituer à la France sa mémoire lyrique oubliée dans la standardisation des répertoires, en faisant entendre systématiquement les versions composées pour la France plutôt que les versions « internationales » des grands opéras. Comme de surcroît la mise en scène de Luca Ronconi est superbe, pleine d'images audacieuses, que l'interprétation vocale, avec dans les trois rôles principaux Samuel Ramey, Shirley Verrett et Cecilia Gasdia, est magnifique, sous la direction brûlante de Georges Prêtre dont c'est le retour, le spectacle est un triomphe.

En cette rentrée 1983, l'Opéra de Paris a aussi hérité d'un nouveau président du Conseil d'Administration : André Larquié qui succède à Paul Puaux. Énarque, il a été au ministère de la Culture un efficace conseiller pour la musique auprès du ministre Jack Lang ; on le connaît aussi depuis longtemps pour être un grand amateur de ballet et d'opéra. Dynamique et vibrionnant, ce nouveau président du Conseil d'Administration n'entend pas être une potiche bureaucratique ou un inaugurateur de chrysanthèmes ; très vite il affirme ses prérogatives, les étend même et se comporte en président de l'Opéra — titre qu'il revendique expressément — plus qu'en président du Conseil d'Administration. Cette activité, en soi positive et plutôt bénéfique à l'Opéra, est pourtant le germe d'une nouvelle lutte de pouvoir à l'intérieur de « la Grande Boutique ». André Larquié grignote en effet, par nature au moins autant que par calcul, l'espace de Massimo Bogianckino, le réduisant à se cantonner dans son bureau pendant que lui-même développe son domaine de compétence. Mais quelque doux et réservé qu'il paraisse, l'Administrateur général n'est pas homme à se laisser manipuler : ses ripostes seront feutrées mais réelles et, au fil des mois, une sourde guerre de tranchées s'installera dans les couloirs de « la Grande Maison ». André Larquié en récoltera une animosité sans doute excessive de la part de certains détracteurs qui, irrités par la volonté de ce président d'occuper tout le terrain, l'accuseront injustement d'être guidé par son seul appétit de pouvoir ; ils ne voudront pas reconnaître ce qu'il a objectivement fait pour l'Opéra, tant sur le plan de l'évolution des situations des personnels à travers une patiente et harassante renégociation des conventions collectives, que sur le plan du rayonnement de l'Opéra de Paris et de ses liens, fort utiles, avec de possibles mécènes.

Mais, au début, tout va bien, la cohabitation est parfaite. Le triomphe initial cimente tout le monde.

L'expérience, musicologiquement intéressante, de présenter ensuite en alternance les deux versions de *Madame Butterfly* de Puccini, la version originale jamais jouée, et la version traditionnelle, ne rencontre pas le même enthousiasme. Sans doute d'abord à cause de la production parfaitement banale de Pier Luigi Samaritani. Musicalement, en dehors de la bouleversante Butterfly de Raina Kabaivanska, rien ne sort d'une honnête routine. On oublie vite ce spectacle. D'autant que cette fin de l'année 1983 est marquée par un événement considérable : la création mondiale du *Saint François d'Assise* d'Olivier Messiaen. Commandé par Rolf Liebermann au début de son mandat, ce gigantesque opéra (plus de cinq heures) a pris à Messiaen quelque six ans. Le résultat

Philippe Duminy et José Van Dam lors de la création de Saint François d'Assise *de Messiaen, en 1983.*

est grandiose, encore que beaucoup s'interrogent sur la validité du terme « opéra » vis-à-vis de cet immense oratorio (que Messiaen lui-même a d'ailleurs sous-titré « Scènes franciscaines »). L'interprétation musicale en est magistrale avec le saint François de José van Dam ou l'ange émouvant de Christiane Eda-Pierre, avec des chœurs éblouissants et avec un orchestre démesuré — à tel point qu'il déborde la fosse et doit prendre place jusque dans les loges d'avant-scène et même en partie sur un praticable élevé au-dessus de la fosse ! —, l'ensemble placé sous la baguette dynamique et véritablement inspirée de Seiji Ozawa. La mise en scène de Sandro Sequi n'est malheureusement pas au diapason. Mais l'essentiel est la découverte d'une œuvre soulevée par un souffle rare, en dépit de quelques longueurs qui pèsent sur les spectateurs de la première, accourus du monde entier. Car cet événement se révèle être d'une dimension qu'on n'a pas connue à l'Opéra depuis la création de la version complète de *Lulu*.

1984 s'ouvre par un spectacle qui réalise encore une fois une quasi-unanimité: *L'Enlèvement au Sérail* de Mozart traité par Giorgio Strehler et son décorateur Luciano Damiani comme une suite de tableaux étincelants, alternant les ombres chinoises et un univers de miniatures orientales particulièrement réussi: décidément tout semble réussir à l'Administrateur.

Hélas la production suivante ne retrouve pas cette magie. Avec *Jérusalem* de Verdi, dans la version tirée par le compositeur pour Paris de ses *Lombardi* — c'est toujours la volonté de Massimo Bogianckino de restituer à la France l'authenticité de son propre répertoire oublié —, on assiste à un spectacle qui s'étire sans véritable rythme, suite peu dynamique de tableaux où la musique se dilue en dépit d'une fort belle distribution. Vient ensuite *Werther*, dirigé avec une belle rigueur par Georges Prêtre et lumineusement chanté, avec un style exemplaire par Alfredo Kraus, le grand ténor espagnol qui fait ainsi ses débuts scéniques au Palais Garnier. Malheureusement cet opéra de Massenet pâtit lui aussi d'une mise en scène un peu trop kitsch de Pier Luigi Samaritani. Toujours lui! Il ne rachète pas là sa déjà piteuse *Butterfly*. On écoute, on ne regarde guère.

Boris Godounov *dans la mise en scène de Petrika Ionesco, en 1984.*

On écarquille les yeux en revanche devant le *Boris Godounov* dont Petrika Ionesco signe la production. Cet étonnant décorateur et metteur en scène roumain a créé ce spectacle à Genève avec un succès auquel un certain parfum de scandale s'est mêlé. Point de scandale à Paris, encore que l'acte polonais, avec sa kyrielle de jeunes femmes nues au milieu d'un bain de vapeur, provoque quelques murmures. Les sentiments sont néanmoins partagés pour ce metteur en scène qui suscite passion et rejet avec les mêmes excès. C'est de la cinéaste du sulfureux *Portier de nuit*, Liliana Cavani, qu'on attendait le scandale : il n'est pas au rendez-vous d'une *Iphigénie en Tauride* de Gluck altière et noble, dans le décor d'un esthétisme raffiné d'Ezio Frigerio reproduisant le fameux Théâtre Farnèse de Parme. Shirley Verrett y est une Iphigénie fascinante.

Et cette première saison orchestrée par Massimo Bogianckino s'achève au Palais Garnier par un *Tannhäuser* très attendu, à nouveau mis en scène par un cinéaste, le Hongrois Istvan Szabo dans un décor du célèbre plasticien Vasarely. En fait, la montagne accouche d'une souris : l'espace créé par Vasarely est sans surprise, emboîtement de carrés aux tons pastel plus décoratif que véritablement actif ; la mise en scène de Szabo est parfaitement traditionnelle. Un spectacle *clean* comme on dit alors — propre, net mais sans magie, sans passion.

En septembre la seconde saison Bogianckino s'ouvre sur un superbe *Macbeth* de Verdi, dont c'est la création au Palais Garnier. Yannis Kokkos a inventé un décor d'une beauté foudroyante, sorte de grande muraille effondrée truffée de cadavres tordus, bordée d'un immense escalier baigné de nuit, où Antoine Vitez déploie une mise en scène très rigoureuse. Elle met en valeur les passions nocturnes, incarnées par deux grands chanteurs, Renato Bruson et Shirley Verrett, chauffés à blanc par la baguette incandescente de Georges Prêtre. En effet, Georges Prêtre est à nouveau fêté par ce public parisien versatile qui, avant que Massimo Bogianckino ne le fasse reconnaî-

Macbeth *de Verdi, dans la mise en scène d'Antoi*

tre, le traitait honteusement au point de le pousser à l'exil.

Trois reprises succèdent à ce *Macbeth*, entre autres en décembre une *Tosca* dont la première est mémorable par un incident qui secoue la salle de rire: au second acte, Luciano Pavarotti brise sous son poids le chétif siège destiné à l'accueillir et s'écroule sur la

tez; décors de Yannis Kokkos, en 1984.

malheureuse Hildegard Behrens qui n'en peut mais!
Pourtant le chef, James Conlon, continue de battre
imperturbablement la mesure et, miracle du profes-
sionnalisme, les deux chanteurs parviennent à interpréter sans interruption ni même écart de mesure
cette poignante scène du mélodrame puccinien...

L'année 1985 s'ouvre avec un nouveau *Tristan* assez insipide — mais qui marque les débuts à l'Opéra de Paris du chef «qui monte», Marek Janowski. En février la création mondiale du *Doktor Faustus* de Konrad Böhmer est un total naufrage, que rachète le mois suivant une impressionnante production de *Wozzeck*. Confiée à l'Allemande de l'Est Ruth Berghaus, la mise en scène, dans le décor saisissant d'une ville-bunker effondrée sur elle-même, est le reflet d'une sorte de désespoir extrême. La direction de Christoph von Dohnanyi y ajoute une violence presque insoutenable qui fait de ce *Wozzeck* un spectacle haletant, à la fois superbe et terrifiant.

En provenance de l'Opéra de Genève, l'*Alceste* de Gluck apporte ensuite une respiration d'une pure beauté plastique : c'est Pier Luigi Pizzi, un magicien des images, qui en signe décors, costumes et mise en scène. Chaque moment y est d'une élégance absolue tout en conférant à cette cérémonie hiératique, accentuée par la présence intense de Shirley Verrett en Alceste, la force d'un rituel.

Wozzeck *dans la mise en scène de Ruth Berghaus, en 1986.*

*Alceste de Gluck, dans la mise en scène de
Pier Luigi Pizzi, en 1985.*

Hélas, régime de la douche écossaise, le *Bal Masqué*
qui suit est d'une indigence poussiéreuse proprement
scandaleuse — et scandalise d'ailleurs. La mise en
scène est censée venir du Covent Garden de Londres :
sans doute, mais après un rallye à travers le Com-
monwealth !

Heureusement la saison s'achève par un événement : la nouvelle production — une découverte pour
la quasi-totalité du public — du *Robert le Diable* de
Meyerbeer, peut-être un des opéras les plus célèbres
et les plus joués au XIXᵉ siècle (puisque la première,
ce 24 juin, est en fait la 755ᵉ représentation à
l'Opéra !). C'est à Petrika Ionesco que Massimo
Bogianckino a confié décors et mise en scène, et celui-
ci s'en est donné à cœur joie : il y aura tant et tant de
décors qu'ils déborderont des magasins, foyers, couloirs jusque dans la cour de l'Administration de
l'Opéra encombrée de statues gigantesques et de
fragments de péristyles gothiques ! La mise en scène
elle-même fourmille d'inventions, de folie, d'imagerie — et de provocation aussi (tel un ballet de nonnes
qui semble sortir tout droit de chez Madame
Arthur !). Il y a longtemps que le plateau de l'Opéra
n'a pas connu une telle animation scénique, à laquelle

s'ajoutent encore quelques images filmées pour faire bonne mesure. L'interprétation est admirable, avec le couple Samuel Ramey — June Anderson; le spectacle, malgré quelques moues un rien snobs d'une partie de la critique, remporte un fantastique succès

Rockwell Blake et June Anderson dans Robert le Diable *de Meyerbeer;*
mise en scène de Petrika Ionesco.

public. Comme un siècle plus tôt. Massimo Bogianckino l'Italien a su redonner aux Français sinon le goût, du moins le plaisir de redécouvrir ce pan de leur mémoire.

Cependant après ces deux saisons aux quelques moments très forts, mais également aux promesses non tenues, Massimo Bogianckino est un peu désenchanté par l'Opéra. Il est surtout occupé par un nouveau projet qui s'offre à lui : la mairie de Florence. On apprend bientôt qu'il s'y est porté candidat sur la liste du Parti socialiste italien. Encore une fois l'administrateur général n'aura pas fait de vieux os dans cette maison qui en est à sa troisième direction en cinq ans... et songe déjà à une quatrième !

La saison débute pourtant avec la création de *La Vera Storia* de Luciano Berio sur un texte d'Italo Calvino. Ce n'est qu'un succès d'estime : l'œuvre est habile mais sa complication n'est que formaliste, elle ne retient pas, en dépit d'une réalisation très soignée. De toute façon, tout le monde a déjà l'esprit ailleurs. On spécule en effet sur la date du départ — à présent inéluctable — de Massimo Bogianckino, sur son possible remplaçant.

Le Siège de Corinthe de Rossini, malgré la mise en scène de Pier Luigi Pizzi, et malgré des voix comme celles de Katia Ricciarelli ou Martine Dupuy, passe ainsi sans qu'on y prête attention.

C'est officiel à présent : Massimo Bogianckino est maire de Florence. On apprend qu'il a définitivement quitté l'Opéra ; ce n'est déjà plus une nouvelle. Sur les programmes, la mention « Administrateur Général : Massimo Bogianckino » a cédé la place à « Saison lyrique préparée par Massimo Bogianckino ». Ce pouvoir est à présent totalement assumé par André Larquié, flanqué de Jean-Philippe Saint-Geours, le directeur-général (c'est-à-dire essentiellement financier). Et à vrai dire, tout ne se passe pas si mal : la maison « tourne », la reprise de *Roméo et Juliette* s'effectue parfaitement. Mais il faut pourtant nommer un Administrateur général, le ministère y pousse. D'autant que pour les élections législatives qui approchent, ce problème doit être réglé.

André Larquié se met en quête, songe à plusieurs formules, la première étant la nomination d'un directeur musical, qui pourrait être Georges Prêtre, flanqué d'un directeur artistique, qui pourrait être soit Pier Luigi Pizzi, soit Jean-Pierre Ponnelle; la seconde consistant à faire appel à côté de Georges Prêtre comme directeur musical toujours à un directeur artistique, comme Cesare Mazzanis, alors directeur artistique à la Scala, ou Girolamo Arrigo, directeur artistique de l'Opéra de Palerme... Mais ces suggestions ne sont pas retenues au ministère. Il faut pourtant trouver la solution — et la plus simple possible! En décembre, Jean-Louis Martinoty met en scène à l'Opéra-Comique *L'Heure espagnole* de Ravel et *Gianni Schicchi* de Puccini: André Larquié apprécie les spectacles, invite à dîner le metteur en scène et bien sûr parle de l'Opéra, de la succession vacante de Bogianckino. Jean-Louis Martinoty se montre brillant, plein d'idées... Au dessert, André Larquié lui demande son numéro de téléphone. Quelques jours après, ayant conforté son choix par un rapide tour d'horizon des états de service dudit Martinoty — qui, c'est vrai, en tant que metteur en scène, sont bons —, propose son nom au ministre. Les négociations s'engageront aussitôt (il faut faire vite) et en février 1986 Jean-Louis Martinoty est officiellement nommé Administrateur général de l'Opéra de Paris, juste après l'éclat sans pareil de la fête second Empire organisée à l'occasion de *La Traviata* qui ouvre au Palais Garnier l'année 1986. ·

Cette *Traviata* mise en scène par Franco Zeffirelli, sorte de réplique sur scène du film qu'il a réalisé quelques mois auparavant ne fait pas dans la simplicité. Mais cette démesure même, cette orgie visuelle correspond finalement assez bien avec la société décadente qui étouffe Violetta. Et, au Palais Garnier, cette débauche scénique trouve son écho dans la fête organisée par L'AROP; elle sera la première fête véritablement retentissante d'une série qui va bientôt rythmer la vie du Palais Garnier, lui redonner une réalité mondaine.

L'AROP (Association pour le Rayonnement de

l'Opéra de Paris) a été fondée en 1980 sous le mandat de Bernard Lefort mais elle somnole discrètement jusqu'à l'arrivée d'une tornade blonde, la comtesse Marina de Brantes. Forte d'une expérience américaine de management des relations publiques, et forte aussi d'un important réseau de relations, celle-ci prend en main l'Association avec l'appui et la complicité d'André Larquié. Elle va faire un élément dynamique du rayonnement de l'Opéra, aider à rassembler les fonds nécessaires (et toujours plus lourds) pour envisager certaines actions prestigieuses dont surtout les tournées du Ballet à l'étranger. Bien sûr, cette action s'appuie sur un certain nombre de mondanités obligées. Mais l'Opéra de Paris n'est pas une MJC : le luxe est inscrit dans ses fibres, dans son architecture, dans sa décoration, dans son esprit même, somptuaire par essence; et aussi, selon un proverbe de bon sens, « on n'attrape pas les mouches avec du vinaigre » ! Les pisse-froid qui s'aviseront d'en faire reproche ensuite à André Larquié auraient été mieux inspirés sans doute d'observer les résultats de cette action. Car l'Opéra coûte de plus en plus cher et il faut trouver de plus en plus d'argent. L'époque des mécènes a sa logique : pourtant socialiste convaincu, André Larquié, s'appuyant sur l'AROP, l'a comprise et mise en œuvre alors que d'aucuns qui se pinçaient le nez alors se précipitent aujourd'hui à la recherche des bailleurs de fonds...

Jean-Louis Martinoty a donc été nommé au début de février. A peine arrivé, il donne une conférence de presse qui donne le ton : à l'opposé de Massimo Bogianckino, Jean-Louis Martinoty, ancien journaliste à *L'Humanité* devenu metteur en scène, arbore un style direct, très « coup de poing », destiné à sortir l'Opéra de la torpeur qu'il diagnostique à son arrivée. Il propose alors une série d'orientations spectaculaires qui vont de la venue d'Yves Montand ou Barbara à un développement de l'Opéra contemporain en passant par la politique des « blocs dramaturgiques » (c'est-à-dire la mise en rapport d'œuvres différentes mais convergentes selon des thèmes, des époques, des constellations à mettre en valeur). Mais Jean-Louis Martinoty mesure-t-il alors le guêpier dans lequel il s'est imprudemment fourré?

Le premier problème qu'il a à affronter à son arrivée est quasiment ubuesque: au moment de monter le décor que Frigerio a conçu pour la *Médée* de Cherubini, que doit en mettre en scène Liliana Cavani, on s'aperçoit... qu'il ne rentre pas! Il faudra en scier une pártie — mais, au-delà du gag incroyable, ce fait donne la mesure d'une certaine déliquescence entre les différents services de l'Opéra. Une nouvelle production de *Salomé* par un Jorge Lavelli peu inspiré, une reprise de *La Bohème* et la saison

Médée de Cherubini, dans la mise en scène de Liliana Cavani, en 1986.

s'achève avec une œuvre inédite dont c'est la création à l'Opéra: *Salammbô* de Moussorgsky. La partition inachevée a été révisée et orchestrée par Zoltan Pesko, qui la dirige. Et la mise en scène est très attendue puisqu'elle marque les débuts à l'Opéra de Paris du prestigieux metteur en scène Youri Lioubimov. La déception est à la mesure de l'attente: l'œuvre aussi bien que la mise en scène sont sans intérêt. Le Palais Garnier ferme ses portes pour l'été dans un semblant de flottement.

D'autant que l'Opéra-Comique qui poursuit son activité parallèle n'a guère convaincu non plus cette saison. Si la Salle Favart a retenti en avril des clameurs sans fin du triomphe de l'époustouflant couple formé par June Anderson et Alfredo Kraus dans le feu d'artifice de vocalises de *La Fille du Régiment* de Donizetti, *La Flûte enchantée* qui en clôt la saison est une cruelle déception, tant pour la mise en scène de Marcel Bluwal que pour la direction de Guennadi Rojdestvenski. Seule la révélation de la Pamina de Danielle Borst, une vraie voix mozartienne, d'une rare beauté de timbre et de ligne, vient éclairer ce spectacle par ailleurs sinistre.

Mais Jean-Louis Martinoty installé dans ses meubles entreprend d'imprimer sa marque. Une nouvelle production de *Don Carlos* et *Don Carlo* de Verdi (dans la version originale en français et la version italienne) avait été prévue avant son arrivée par Massimo Bogianckino ; la mise en scène en avait alors été confiée à Luigi Comencini. Martinoty engage à sa place un certain Marco-Arturo Marelli qu'il annonce — ô imprudence ! — comme le nouveau génie de la mise en scène.

Marelli arrive ; on lui ouvre les vannes des crédits (son *Don Carlos* coûtera plus de 4 millions de francs)... et on voit : c'est un désastre. La production conjugue laideur, absurdité et prétention avec un bel ensemble. La distribution décapitée par plusieurs remplacements est médiocre et Georges Prêtre souffre. C'est le premier accroc.

Après la reprise de *Salomé*, celle de *Wozzeck* introduit à l'Opéra le second joker de Martinoty, Lothar Zagrosek avec lequel il a beaucoup travaillé en Allemagne. Il engage ce jeune chef comme le directeur musical et le présente comme « une des plus grandes baguettes d'aujourd'hui ». Hélas, le frêle Zagrosek se révèle dès ce *Wozzeck* (et le confirmera ensuite) un chef parfaitement insipide. Mais l'Administrateur renvoie tous ses contempteurs aux ténèbres de l'ignorance et continue d'affirmer la supériorité de son protégé.

Car Jean-Louis Martinoty a changé depuis qu'il est à la tête de l'Opéra : d'autoritaire, il glisse à présent dans l'autoritarisme, se met beaucoup de monde à dos, des personnels au président en passant par nombre de ses collaborateurs sans compter une grande part de la critique. Situation peu enviable qui ne contribue guère, on s'en doute, à la bonne marche d'une maison déjà largement handicapée par ses pesanteurs traditionnelles. L'atmosphère est empoisonnée. D'autant, il faut bien le dire, qu'au ministère, sa « tutelle », on ne fait rien pour l'aider, bien au contraire. Et ça ne va pas s'arranger ! Plus les mois passeront, plus on tentera de le mettre en position de démissionner, pour pouvoir fermer l'Opéra avec un prétexte « objectif ». Guerre des nerfs qui ne facilite pas la détente...

Quoi qu'il en soit, au Palais Garnier, selon l'expression consacrée, le spectacle continue. Après un beau *Don Quichotte* (avec Raimondi), une médiocre *Elektra* (mais avec Behrens), un calamiteux *Elixir d'Amour* (mais avec Pavarotti), on crée *Montségur*, une des plus belles et des plus fortes partitions lyriques de Marcel Landowski : le spectacle est d'une

Montségur *de Marcel Landowski, dans la mise en scène de Nicolas Joël lors de sa création à l'Opéra, en 1987.*

grande intensité, tant musicale grâce à Michel Plasson et à tous les interprètes, que scénique grâce aux talents conjugués de Nicolas Joël et Hubert Monloup pour la mise en scène et les décors.

Jean-Louis Martinoty s'est personnellement confié la mise en scène du *Vaisseau fantôme* de Wagner. Hélas, est-ce une malédiction qui pèse sur lui? Son *Vaisseau fantôme* est raté.

La saison se termine pourtant sur un triomphe mérité avec l'étonnant *Giulio Cesare* de Haendel revu par Nicholas Hytner et David Fielding pour la mise en scène et les décors et par Jean-Claude Malgoire pour la musique. Le jeune Anglais réalise un spectacle iconoclaste mais absolument éblouissant d'humour autant que d'intelligence, de modernité autant que de libération des fondements de la partition. Laquelle partition est admirablement servie sur le mode baroque — les musiciens de l'Opéra acceptant de se conformer au diapason 415, aux cordes en boyau et aux archets courbés — par la verve colorée de Jean-Claude Malgoire. Ce succès met un peu de baume au cœur de l'Administrateur général.

D'autant qu'il a à se consoler de l'échec, au même moment, des deux Mozart, *Idomeneo* et *La Clemenza di Tito* (*La Clémence de Titus*), ridiculement mis en scène, mal dirigés, à peine sauvés par un trio de belles voix (Carol Vaness, Trudeliese Schmidt, Danielle Borst). Pourtant l'Opéra-Comique a connu cette saison, en janvier, un triomphe retentissant avec une œuvre inconnue, *Atys* de Lully qui ouvre l'année de son tricentenaire. Le spectacle réalisé par Jean-Marie Villégier est d'une beauté inouïe, d'une intelligence palpable et d'une musicalité admirablement déployée par William Christie, le grand magicien de la musique et du style baroques. Un sommet.

Mais ce printemps 1987 a été marqué par un autre événement: le remplacement d'André Larquié par Raymond Soubie à la présidence du Conseil d'administration de l'Opéra. Fin d'une guerre ouverte avec l'Administrateur général. Mais très vite les mêmes oppositions vont se lever entre le nouveau président et Jean-Louis Martinoty : pour être plus feutrée — Raymond Soubie n'est pas un homme à faire des éclats — la discorde n'en sera pas moins affirmée.

L'atmosphère est d'autant plus lourde que Jean-Louis Martinoty lorgne du côté du nouvel Opéra de la Bastille dont il considère qu'il pourrait y prolonger la perspective qu'il a tenté d'esquisser au Palais Garnier. C'est loin d'être l'avis de Raymond Soubie, chargé du dossier. Le problème — et c'est peut-être l'erreur qu'on paiera demain — n'en est pas à la définition d'une perspective, encore moins d'une politique, mais à la recherche d'un homme.

La nouvelle saison lyrique aurait dû s'ouvrir avec *Les Soldats* de Zimmermann que Jean-Louis Martinoty avait annoncés. Il avait laissé entendre que si on ne lui donnait pas les moyens de le faire, il en ferait un casus belli. Les crédits lui sont refusés, *Les Soldats* ne seront pas montés... Jean-Louis Martinoty reste néanmoins, pour sauver l'Opéra de la fermeture.

C'est donc *Norma* qui assure l'ouverture de la saison lyrique, une *Norma* que met en scène Pier Luigi Pizzi, austère et ramassée sur son drame. Elle offre une juste consécration à une jeune mezzo française, Martine Dupuy. Après une reprise de *Macbeth* magnifiquement dirigé par le jeune chef danois Michaël Schønwandt, c'est *Orphée aux Enfers* d'Offenbach dont Jean-Louis Martinoty s'est distribué la mise en scène, sans lésiner sur le budget (on parle de plus de 5 millions de francs !). Le résultat n'est pas à la mesure des forces engagées. Pour la seconde fois, on ne retrouve pas le Martinoty metteur en scène inventif : lourde comme une pâtisserie indigeste, cette production distille l'ennui plus que la gaîté offenbachienne, d'autant que la direction grisâtre de Lothar Zagrosek ne vient pas la dynamiser. Échec.

En revanche *Katia Kabanova* de Janácek mise en scène par Götz Friedrich et dirigée avec une belle tension par Jiri Kout est une réussite. D'autant que, en application de sa théorie des « blocs dramaturgi-

Leonie Rysanek dans Katia Kabanova *de Janácek, lors de la première à l'Opéra, en 1988.*

ques », Jean-Louis Martinoty fait monter à l'Opéra-Comique un autre opéra de Janacek, *De la Maison des Morts* par le cinéaste Volker Schlöndorff. Double initiative audacieuse, couronnée d'un succès mérité. Deux reprises, celle de *Boris Godounov* dans la grandiose mise en scène de Petrika Ionesco (et avec la nouvelle grande basse russe Paata Burchuladze) — avec en parallèle, la version originale de *Boris*, donnée à la Salle Favart par la troupe de Tallinn —, et celle du fameux *Faust* scandaleux de l'ère Liebermann. Il semble avec le recul une manière de classique, acclamé à l'unanimité par un public oublieux de ses anathèmes d'hier, porté de surcroît par la direction superbe d'Alain Lombard. La saison se termine avec une création : *La Célestine* de Maurice Ohana. Hélas, l'œuvre déçoit, la mise en scène de Jorge Lavelli également. La saison s'achève dans une ambiance morose au Palais Garnier.

C'est la fin d'une époque. La conférence de presse rituelle de la direction de l'Opéra l'illustre au mois de juin. Le président du Conseil d'Administration discourt finement sur l'avenir — et l'avenir, c'est Bastille —, pendant que l'Administrateur général, avec une amertume qui perce sous l'ironie présente sa dernière saison, qui sera aussi la dernière saison lyrique du Palais Garnier : *Rigoletto* mis en scène par Jean-Marie Simon, les reprises de *Jules César* et d'*Orphée aux Enfers*, une nouvelle production des *Maîtres Chanteurs* de Wagner, la création en France du *Faust* de Busoni, la création mondiale du *Maître et Marguerite* de York Höller. Cette dernière conférence de presse a un goût de cendres.

La seule préoccupation est à présent la Bastille. Le Palais Garnier agonisant hérite d'un directeur désigné, Jean-Albert Cartier, qui, après avoir inventé le nouveau Châtelet, est chargé de transformer à partir de 1989 ce qui a été l'Opéra de Paris en un temple de la Danse, filiale de l'Opéra Bastille. Le jeune et avisé Thierry Fouquet, qui a fait une carrière intelligente à l'Opéra depuis son entrée à l'époque de Liebermann, est nommé directeur de l'Opéra-Comique. Mais la danse autour de la Bastille continue : rumeurs, vraies ou fausses, ballets de sollicitations, de négociations, d'hypothèses diverses... Après les tours de piste sans lendemain de Jean-Pierre Brossmann et de Gérard Mortier entre autres, on a fait tout — sauf l'essentiel semble-t-il — pour obtenir d'Hugues Gall qu'il prenne en main les destinées de la Bastille.

Finalement, à la fin de l'été, Jack Lang annonce la nomination de Pierre Bergé à la présidence *des* Opéras de Paris, c'est-à-dire des trois salles de la

Bastille, du Palais Garnier et de Favart. Cette nouvelle structure donnera-t-elle aux Opéras de Paris la cohérence indispensable à leurs fonctionnements complémentaires? Le profil de Pierre Bergé l'apparente à Jacques Rouché, ce qui semble alors de bon augure: comme Jacques Rouché, Pierre Bergé a fait sa fortune et obtenu son crédit de bon gestionnaire dans l'industrie (les parfums pour Rouché; Yves Saint-Laurent, dont il est le président-directeur général, pour Bergé); comme Jacques Rouché, épris de culture et passionné de spectacle, il a acheté un théâtre (le Théâtre des Arts pour Rouché, l'Athénée pour Bergé — où il a fondé cette institution indispensable des amoureux des voix que sont les fameux «Lundis de l'Athénée»); comme Jacques Rouché, il a investi et s'est investi dans une publication culturelle (*La Grande Revue* pour Rouché, *Globe* pour Bergé). Tout le monde s'accorde à ce moment-là à considérer la nomination de Pierre Bergé comme excellente — mais l'aventure qu'il va mettre en œuvre est celle d'une autre histoire...

Cette histoire, ce pourrait être un livret d'opéra, avec ses coups de théâtre, ses trahisons, ses palinodies... Elle commence par le limogeage spectaculaire, début 1989, de Daniel Baremboim, le Directeur musical et artistique nommé quelques mois avant. Dans la foulée, Patrice Chéreau, solidaire, quitte la Bastille où il devait monter trois opéras de Mozart, dont le spectacle d'ouverture, *Don Giovanni*. Parallèlement sont nommés, comme Administrateur Général, René Gonzalès — à la surprise générale d'ailleurs, car c'est un homme qui vient du théâtre et ne semble pas a priori en phase avec le monde de l'opéra —, et comme Directeur Général Dominique Meyer, un jeune énarque à la fois discret et cultivé. Cette dernière nomination passe un peu inaperçue dans le fracas médiatique de «l'affaire Barenboim»: on s'apercevra pourtant très vite que Dominique Meyer est un des hommes clefs de l'Opéra, un des plus solides aussi, sachant garder son sang-froid en toutes circonstances et imposant un respect unanime par sa puissance de travail et son acuité de décision.

Mais on cherche toujours un Directeur musical. Des noms circulent, nombreux ; des rumeurs successives viennent régater devant le rocher Bastille. Finalement, avant l'été, Pierre Bergé sort de son chapeau Myung-Whun Chung, un jeune chef coréen à peu près inconnu en France mais dont les spécialistes savent que c'est une baguette plus qu'estimable. Tout le monde sait qu'il n'a rien à perdre dans cette aventure, qu'il est par là même susceptible d'innover et peut-être de gagner ce pari fou. Il est donc nommé Directeur musical. Aucun Directeur artistique n'est alors nommé, Pierre Bergé faisant comprendre implicitement qu'il se voit bien assurer cette charge en concertation avec le Directeur musical, Myung-Whun Chung et l'Administrateur Général, René Gonzalès. Un malaise commence à se faire sentir : il semble que Pierre Bergé ait tendance à s'arroger de plus en plus tous les pouvoirs et entende régenter l'Opéra comme « sa chose ». L'état de grâce a fait long feu.

Le 13 juillet, en présence d'une brochette de chefs d'États, conviés au Sommet réuni par le Président Mitterrand à Paris, une pseudo « ouverture » de l'Opéra Bastille est expédiée en 55 minutes d'un concert non ouvert au public — ce qui commence mal pour un Opéra dont les Officiels répètent à satiété qu'il a vocation à être « populaire ». Défilent donc quelques-uns des jet-gosiers internationaux, de June Anderson à Ruggero Raimondi en passant par Placido Domingo ou Barbara Hendricks. Georges Prêtre dirige avec sa fougue coutumière. Bob Wilson a brossé quelques toiles. Tout ceci est très chic et en même temps assez vain. D'autant que l'Opéra Bastille referme ses portes quelques jours après... et entre à nouveau en convulsions avec, fin juillet, la « démission » de René Gonzalès. Le navire tangue à nouveau, sans Directeur artistique, sans Administrateur général. En septembre, on parle de Georges Hirsch, qui doit quitter la direction du Théâtre des Champs-Élysées, pour le poste d'Administrateur général...

Mais, dernier rebondissement de cette aventure, on apprend alors que l'Opéra Bastille ne pourra ouvrir en janvier 1990 comme annoncé; l'ouverture est repoussée, assure Pierre Bergé, en mars. Pourtant, à l'intérieur même de la Bastille, nombreux sont ceux qui pensent que l'on ne pourra pas ouvrir avant septembre 1990 et que risquer une ouverture prématurée pourrait être lourd de conséquences...

Pendant ce temps, au Palais Garnier promu Palais de la Danse, on s'interroge sur une possible démission de Rudolf Noureev comme Directeur du Ballet, et on évoque déjà les noms de Noëlla Pontois ou de Roland Petit pour le remplacer...

Si l'avenir du Palais Garnier est encore incertain, si on affirme aujourd'hui qu'il est arrivé au bout de sa course en tant que théâtre d'opéra — ce que d'aucuns contestent, persuadés qu'après quelques années de jachère, l'opéra reviendra habiter cette salle conçue pour lui —, sa mémoire est suffisamment riche pour qu'à simplement évoquer des noms, des dates, des titres, c'est toute une comédie qui s'anime à nouveau, un Opéra rythmé par des musiques multiples dont les ors et les velours sombres conservent comme la marque dans leurs fibres.

Qu'on se promène dans le Palais Garnier vide, une fin d'après-midi par exemple. L'éclairage est faible dans les couloirs, les galeries, les loges sont plongées dans l'obscurité. La magie du lieu vous frôle et vous étreint. Entre ces colonnes on a discouru à des milliers d'entractes sur le mérite de telle ou telle voix aujourd'hui oubliée; dans cette loge où l'on pénètre précautionneusement on a chuchoté des mots tendres à sa voisine, lorgné sur telle autre loge en face ou sur le parterre, on a froissé des robes, pris des rendez-vous, acclamé des divas, somnolé, on a sonné le serveur pour qu'il apporte des glaces ou des rafraîchissements (le témoignage de ce « service des loges » demeure visible aujourd'hui encore à la Rotonde du glacier où, derrière un pilier, subsiste le tableau lumineux sur lequel s'allumaient les numéros des loges dont les occupants appelaient le garçon). Grimpant dans les étages, on atteint l'amphithéâtre, ce « paradis » où des générations successives de vrais connaisseurs peu fortunés sont venues se serrer dans le partage communié de leur passion exigeante, sans aucun rapport avec la fonction sociale obligée des étages inférieurs, premières loges ou balcon. Se glissant subrepticement sur le plateau, on observe, tapi au bord des pendrillons noirs qui délimitent les couloirs par lesquels les chanteurs passent de la nuit des coulisses au jour de la scène, ce grand plancher en pente comme emportant vertigineusement vers la bouche d'ombre de la salle. On peut même rêver à ce mélange de terreur et de jouissance fascinant qui secoue le corps de ces gladiateurs d'un autre genre quand ils se livrent en pâture à cette salle couleur de sang.

L'Opéra, comme genre, comme institution et dans son histoire même, on l'a vu, est un lieu de passions extrêmes. Et nul ne peut pénétrer dans ce grand vaisseau résonnant sans en être touché, sans se sentir irrésistiblement emporté par ce désordre fermenté dans le corps et qui bouleverse le corps.

Mais vous êtes seul dans l'Opéra vide que l'obscurité efface peu à peu. Des odeurs simplement, un froissement de taffetas ou de soie, du silence rayé... Vous fermez les yeux : écoutez. D'où vient cette voix, de quelle profondeur, de quels dessous, de quel lointain, de quel cintre, de quelle mémoire ?...

Deuxième partie

LES INOUBLIABLES

Jean de Reszké
(1850-1925)

*Jean de Reszké dans le rôle de Rodrigue
du* Cid *de Massenet.*

Il s'appelait en fait Mieczyslaw de Reszké et était
né à Varsovie. Mais c'est sous le nom de Giovanni de
Reschi qu'il fait ses débuts, comme baryton, à Turin
en 1874, dans Alphonse de *La Favorite* de Donizetti,
après quelques années d'études à Venise avec l'illustre Codogni. Son frère, la basse Édouard de Reszké,
convaincu de sa vraie tessiture, le pousse quelque
temps plus tard à reprendre des études de chant sur
une nouvelle base. Il découvre ainsi sa voix de ténor
et débute à Madrid dans le rôle de Robert du *Robert
le Diable* de Meyerbeer en 1879. Il consacre quatre
ans à perfectionner voix et style et crée, en 1884,
Jean-Baptiste dans *Hérodiade* de Massenet aux Italiens de Paris. Massenet l'apprécie particulièrement
et écrit à son intention le rôle de Rodrigue du *Cid*
dont il assure la création pour ses débuts à l'Opéra
de Paris en 1885. Il y fait une impression saisissante
et y est très vite affiché dans les grands rôles du

répertoire, de Vasco de l'*Africaine* à Jean du *Prophète*, deux grands succès de Meyerbeer, mais aussi de Faust à Radamès d'*Aïda* ou Ottavio de *Don Giovanni*. Le sommet de sa carrière à l'Opéra de Paris est sans doute ce Roméo qu'il y introduit en 1888, aux côtés de la Juliette d'Adelina Patti. Saint-Saëns s'enthousiasme, le public s'enflamme, le triomphe est total. Le succès l'arrachera ensuite à Paris, au grand dam des abonnés, pour le conduire à Londres, Monte-Carlo, New York ou Saint-Pétersbourg. Sa rentrée parisienne en 1901 dans le rôle de Siegfried impressionne autant le public que la critique. On applaudit l'art consommé de ce ténor qui marie la distinction scénique et le raffinement dans l'interprétation à une vaillance vocale jamais forcée. Le critique du *Théâtre* écrit alors : « M. de Reszké a cinquante ans et chante depuis vingt-six ans, ce qui est déjà, surtout pour un ténor, une carrière des plus rares. C'est qu'il a appris à chanter : explication bien simple, n'est-ce pas ? bien banale, et qui est pourtant la principale raison d'être de la durée des voix. [...] M. de Reszké a tenu à démontrer, en chantant Siegfried dans cette salle démesurée de l'Opéra, que la voix résiste à toutes les fatigues quand on sait s'en servir. [...] La preuve est faite ainsi que, pour bien rendre Wagner, les poumons, l'articulation et le jeu ardent ne suffisent pas, comme beaucoup voudraient nous le faire croire ; et que même c'est une trahison de n'y pas joindre la grâce et le charme. Voilà l'autre conséquence du triomphe de M. de Reszké. Il a plaidé victorieusement la cause de la mélodie chez Wagner. [...] Il nous a prouvé que la beauté de la voix, le charme du phrasé, la délicatesse de la diction, doivent être considérés comme des éléments indispensables à l'exacte intelligence et au rendu sincère et vraiment artistique des chefs d'œuvre wagnériens, aussi bien qu'à l'émotion qu'ils doivent faire naître. »

Après la création d'un nouveau rôle à l'Opéra de Paris, Canio de *Paillasse* à cinquante-deux ans, Jean de Reszké choisira de se consacrer à l'enseignement — il comptera parmi ses élèves, Sayao, Teyte, Endrèze... — avant de s'éteindre, à Nice, en 1925.

Rose Caron
(1857-1930)

Rose Caron dans Fidelio *de Beethoven.*

Rose-Lucile Meuniez devenue, par son mariage, Rose Caron n'a pas eu des débuts faciles. Après avoir travaillé âprement pour cultiver sa voix, cette grande fille de la campagne passionnée de chant se voit, à l'examen de sortie du Conservatoire, gratifiée de ce compliment peu encourageant: «Avec ses grands bras dont elle ne sait que faire, avec cette voix qui n'est pas encore sortie, ce sera tout au plus une recrue pour le café-concert!...»

Et quand elle auditionne devant le Directeur de l'Opéra, celui-ci l'éconduit en affirmant : « Vous êtes trop grande et trop maigre pour devenir une chanteuse d'opéra. » Pourtant, à dix-neuf ans, la belle Rose avait épousé un certain M. Caron, petit, bossu et contrefait mais artiste intelligent et opiniâtre qui avait deviné en sa jeune femme un authentique tempérament dramatique : c'est lui qui aura l'idée de l'envoyer travailler chez la célèbre Marie Sasse ; celle-ci la recommandera au directeur de la Monnaie de Bruxelles où elle débute en 1883 en Alice de *Robert le Diable* de Meyerbeer. Mais sa vraie chance arrive quelques mois plus tard quand elle chante Marguerite de *Faust* un soir où Reyer est dans la salle : il est subjugué par cette cantatrice à la haute taille, aux longs bras blancs qui se déploient en gestes harmonieux, au charme poétique qui se dégage de sa personnalité et de sa voix troublante. Il en fait la Brunnehilde de son *Sigurd* créé par la Monnaie quelque temps après. C'est un triomphe pour lui et pour elle. Un triomphe qui lui ouvrira toutes grandes les portes de l'Opéra de Paris en 1885. Reconnue comme une grande tragédienne lyrique, elle participera à la création parisienne mouvementée de *Lohengrin* en 1891, à celle de la *Walkyrie* en 1893, aux côtés de Lucienne Bréval et Ernest Van Dyck, à la « réhabilitation » de *Tannhäuser* en 1895. Elle chantera à l'Opéra de Paris tous les plus beaux rôles dramatiques, de Rachel de *La Juive* à Agathe du *Freischütz*, d'Anna de *Don Giovanni* à Desdémone d'*Otello*...

La petite paysanne de Seine-et-Oise était devenue une vedette, elle le restera jusqu'à sa retraite, en 1904, date à laquelle, elle retrouvera le Conservatoire, comme professeur émérite. « Elle est de celles qu'on imite mal et qu'on ne remplace jamais », devait dire d'elle un critique totalement conquis.

Jacques Rouché
(1862-1957)

Né à Lunel dans l'Hérault, le 16 novembre 1862,
fils d'un professeur aux Arts-et-Métiers, examinateur
à Polytechnique et membre de l'Académie des
Sciences, Jacques Rouché reçut une éducation rigoureuse et s'astreignit sans peine aux études qui
devaient le conduire, tradition de famille oblige, à
l'École Polytechnique d'où il sortit en 1884 pour
s'inscrire à l'École des Sciences Politiques. Un début
de carrière dans l'Administration — attaché au sous-
secrétariat des Finances, chef de cabinet du ministère
du Commerce, chef du Commissariat de l'Exposition
de 1889 (à vingt-sept ans!) — allait donner à Jacques
Rouché à la fois un sens du service de l'État et une
position sociale qui s'affirmait très rapidement. Mais
le rêve, de moins en moins secret, de Jacques Rouché
était de s'occuper de théâtre et de devenir, à terme,
Directeur de l'Opéra. Dès 1887, il publie une bro-
chure audacieuse sur une réforme de l'enseignement
dramatique. Mais en 1889, sa candidature à la
Direction du Théâtre de l'Odéon échoue. En 1907,
il rachète *La Grande Revue*, lui adjoint en 1909 la
revue *Pages libres* et y fait collaborer Jules Renard ou
Giraudoux, Duhamel ou Péguy; il y révèle Suarès et

d'Annunzio, y publie des chroniques de Raymond Poincarré, Édouard Henriot ou Romain Rolland, y engage un critique dramatique qui s'appelle... Léon Blum. Lui-même ne reste pas inactif: responsable d'une grande maison de parfums, il trouve aussi le temps d'écrire un ouvrage, *L'Art Théâtral moderne*, dont l'importance est reconnue lors de sa parution en 1910. Il y élabore une véritable théorie des rapports de la mise en scène et des décors — théorie qu'il va pouvoir mettre en pratique dès 1911 quand il prend la direction du Théâtre des Arts — où il fera débuter Jouvet, Dullin, Copeau, mais aussi les décorateurs Maxime Dethomas, René Piot, Jacques Drésa ou encore Maurice Denis, Vuillard, Dunoyer de Segonzac, voire Paul Poiret pour les décors. La musique est bien sûr également au rendez-vous du Théâtre des Arts, de Ravel à d'Indy mais aussi de Rameau à Monteverdi. Mais la véritable aventure de la vie de Jacques Rouché commence en 1914 quand il est nommé directeur de l'Opéra de Paris. C'est le début d'un règne qui demeure le plus marquant de l'histoire de cette maison. Marquant d'abord par sa durée: quarante ans. Marquant également par l'instauration d'une véritable discipline qui permit à l'Opéra de travailler régulièrement, appuyé sur une troupe fournie et sur la collaboration dévouée des plus grands chanteurs français. Sans doute sa politique ne fut-elle pas révolutionnaire. S'il engagea Serge Lifar pour dynamiser et moderniser le Ballet, il ne trouva pas l'équivalent pour l'Opéra et se contenta de perpétuer le répertoire du XIXe siècle essentiellement français et allemand, ignorant largement le répertoire italien (cinq opéras de Verdi seulement joués sous sa direction); il était surtout préoccupé de conserver à l'Opéra sa dignité d'Académie Nationale.

Son dévouement total à cette maison, qui allait jusqu'au mécénat personnel pour boucler les budgets, suscita l'admiration et demeure l'image d'une passion. On ne peut de ce point de vue que regretter la façon dont en 1945 on congédia ce vieil homme de quatre-vingt-deux ans qui avait dédié sa vie à cette passion: l'Opéra de Paris.

Lucienne Bréval
(1869-1935)

Bertha Schilling, devenue plus tard Mlle Brenn-
wald, puis Mlle Bréval, Suissesse naturalisée française, a sans doute été un des plus grands sopranos
de ce début de siècle. Après des études de piano au
Conservatoire de Genève et de chant à celui de Paris,
elle débute, en 1892, à l'Opéra de Paris dans le rôle
de Sélika de l'*Africaine* de Meyerbeer. Elle y chantera
régulièrement jusqu'en 1919, subjuguant le public
par ce tempérament ardent, cette voix généreuse
ainsi que ce physique sculptural qui feront l'admira-

tion de tous — Fauré entre autres —, définissant son art comme « un Beau qui n'est pas l'objet des sons, un certain Beau qui charme les esprits ».

Si son refus d'apprendre l'allemand lui fermera les portes de Bayreuth, elle saura pourtant être une admirable wagnérienne, créant la *Walkyrie* à l'Opéra de Paris, en français, avec une Brunnehilde fascinante, incarnant aussi Vénus de *Tannhaüser*, Kundry de *Parsifal*, Eva des *Maîtres Chanteurs* ou Brunnehilde de *Siegfried* ou du *Crépuscule des Dieux*.

Mais elle chantera aussi Valentine des *Huguenots* de Meyerbeer, Chimène du *Cid* de Massenet ou Phèdre d'*Hippolyte et Aricie* de Rameau.

Elle se retirera à cinquante ans pour se consacrer à l'enseignement, succédant à Rose Caron au Conservatoire de Paris où elle formera nombre de voix au grand style lyrique qu'elle avait su si bien illustrer.

Marie Delna
(1875-1932)

Marie Delna dans Carmen *de Bizet, à l'Opéra-Comique.*

Elle s'appelait en fait Marie Ledan mais d'une simple anagramme se fit un nom de théâtre qui allait devenir, en un seul soir, celui d'une vedette de l'art lyrique. Tôt orpheline, elle était élevée par ses grands-parents qui tenaient une auberge à Meudon; elle y chantait sans cesse — du moins la légende l'affirme — et comme dans tous les bons contes de fées, le hasard vint à passer sous les traits d'un certain Baudouin, peintre et amateur de chant. Il l'entendit chanter, fut frappé par sa voix, convainquit sa grand-mère de la lui confier pour en faire une cantatrice; elle avait quinze ans. Elle fut d'abord conduite chez la célèbre Rosine Laborde qui lui assura les bases d'une technique de chant; puis le grand Mounet-Sully lui enseigna la tragédie.

Le dieu Hasard devait lui rendre à nouveau visite. Alors qu'elle avait assisté à toutes les répétitions des *Troyens* de Berlioz, la titulaire du rôle de Didon tomba malade. Le Directeur de l'Opéra lui demanda de la remplacer, ce qu'elle fit sans peur: elle obtint un triomphe qui allait la lancer. Elle avait dix-sept ans. Sarah Bernhardt, présente ce soir-là, devait s'exclamer, enthousiaste: «Mais qui donc lui a appris à mourir à cette petite?» L'année suivante, Massenet, subjugué par sa voix «de pourpre et d'or» (selon l'expression de Gounod), la choisissait pour être la Charlotte de son *Werther* alors créé en France. Un an plus tard, elle était Quickly de *Falstaff* de Verdi pour sa création à Paris: le compositeur déclara qu'elle était la seule pour laquelle il pourrait encore composer un opéra! Sa carrière ainsi lancée alors qu'elle n'avait pas vingt ans devait se poursuivre sur ces sommets, créant *L'Attaque du Moulin* de Bruneau, *La Vivandière* de Godard, faisant sensation à la Scala en Orphée de Gluck sous la direction de Toscanini, enflammant l'Opéra de Paris en Carmen aussi bien qu'en Dalila ou en Cassandre.

Elle mourra pourtant pauvre à Paris, en 1932, laissant le souvenir d'une exceptionnelle voix grave aux éclats fastueux, heureusement restitués par les quelques cylindres que lui fit enregistrer son grand admirateur, Edison.

Yvonne Gall
(1885-1972)

Après de brillantes études au Conservatoire,
Yvonne Gall débute à l'Opéra de Paris dans *Guillaume Tell* où elle est une Mathilde si exquise que
l'Opéra se l'attache. Elle sera jusqu'en 1935 une des
prime donne de la troupe et sera affichée dans un
répertoire large et varié, de Gilda de *Rigoletto* à Eva
des *Maîtres Chanteurs* ou de Valentine des *Huguenots*
à Elsa de *Lohengrin*, Anna de *Don Giovanni* ou
Juliette de *Roméo et Juliette*. Mais un de ses titres de
gloire reste sa participation le 31 décembre 1934 à la

2 000ᵉ de *Faust* aux côtés de Georges Thill et André Pernet. On la verra aussi dans nombre de créations de ce début de siècle à l'Opéra, de *L'Or du Rhin* à *Parsifal* ou d'*Eugène Onéguine* au *Crépuscule des Dieux*.

Bien évidemment, sa personnalité, son charme, sa fine musicalité, sa voix tout à la fois large et facile dans les aigus vocalistiques (elle atteignait sans peine le contre-mi bémol), et son sens théâtral ne pouvaient manquer de lui valoir une gloire internationale. L'Amérique tout d'abord, puis Londres et Milan, Stockholm et Barcelone, le Brésil et la Belgique se la disputeront. En revenant régulièrement au Palais Garnier, Yvonne Gall sut pourtant demeurer fidèle à la maison qui avait vu ses débuts. Comme elle sut rester fidèle à son mari, le compositeur Henri Busser, dont elle fêta les cent ans avant de mourir en août 1972.

Fanny Heldy
(1888-1973)

Née Margarita de Ceuninck dans une excellente famille liégeoise, elle était d'ascendance anglaise par sa mère, belge par son père et devient française par son mari. Elle fait ses études musicales aux Conservatoires de Liège puis de Bruxelles et débute au Théâtre de la Monnaie en 1913. Dès 1917 elle est engagée à l'Opéra-Comique pour y chanter Traviata, à laquelle succèdent Rosine du *Barbier de Séville*, *Louise*, *Madame Butterfly*, *Manon*, *La Bohème* et même *Tosca*! En 1920, Fanny Heldy entame sa carrière au Palais Garnier où elle restera vingt ans, en soprano vedette de la troupe, chantant tous les plus grands rôles du répertoire dans sa tessiture. Elle participera aussi à de nombreuses créations à l'Opéra de Paris, de *L'Heure espagnole*, où elle sera une étourdissante Concepcion, à *Hérodiade* de Massenet où elle incarnera une Salomé fascinante, en passant par *Esclarmande* de Massenet, *La Traviata* de Verdi ou *L'Aiglon* d'Honegger et Ibert dans lequel elle fut un troublant Duc de Reichstadt (rôle qu'elle avait créé en 1937 à Monte-Carlo). Ayant opté pour un statut de demi-pensionnaire dans la troupe de l'Opéra, elle put s'illustrer sur d'autres scènes, du Covent Garden de Londres au Liceo de Barcelone en passant par la Scala de Milan où Toscanini la choisit pour créer Mélisande. Ravissante avec ses beaux yeux bleus, « sa taille de guêpe », sa silhouette de star de cinéma, elle devint le modèle favori des journaux de mode. Elle fut l'une des femmes les plus élégantes de Paris, une sorte de Chanel de l'art lyrique.

Une passion commune pour les chevaux la rapprocha sans doute du riche industriel Marcel Boussac, qu'elle épousa en 1938 — abandonnant alors en pleine gloire le théâtre, au grand dam des amateurs. Mais, par privilège spécial, elle put néanmoins conserver sa loge à l'Opéra, une loge qu'elle avait décorée de taffetas rose buvard, tapissée de moquette gris souris et ornée de gravures du XVIIIe siècle. Elle ne la prêta que rarement, à la Callas entre autres, et quinze ans après sa mort, la « loge de Fanny Heldy » a conservé son apparence intacte, perpétuant le souvenir de la belle diva.

Germaine Lubin
(1890-1979)

Germaine Lubin dans Fidelio *de Beethoven.*

Née à Paris, elle passe son enfance à Cayenne avant de revenir dans la capitale où elle a un coup de foudre pour le chant en assistant à la représentation de *Carmen*. A 18 ans elle entre au Conservatoire et révèle une exceptionnelle voix de soprano lyrique qui ne demande qu'à être déployée et qui s'accorde parfaitement avec son physique de théâtre, taille haute et mince, port de tête altier, yeux bleus magnétiques.

Elle débute à l'Opéra-Comique en 1912 dans *Les Contes d'Hoffmann*. L'année suivante, elle épouse le poète Paul Géraldy, à qui elle inspira son fameux *Toi et Moi.* Continuant à travailler avec Félia Litvine, elle chante pour la première fois à l'Opéra de Paris en 1916 dans *Le Chant de la Cloche*, une création de Vincent d'Indy. En 1918, elle ébauche un flirt sans conséquence avec Philippe Pétain qui se muera en une admiration fidèle; elle se prolongera hélas au-delà de 1940.

Mais la plus grande passion de Germaine Lubin sera son art, ses rôles, ceux des grandes héroïnes wagnériennes, Sieglinde, Elsa, Eva et enfin Isolde en 1930 — Isolde qu'elle avait entendue dès sa sortie du Conservatoire et qui la hantait : « J'ai senti que c'était le plus grand amour, le seul qui ne me décevrait jamais.» A Vienne, elle rencontre Hoffmannsthal et chante Ariane sous la direction de Richard Strauss lui-même. Puis elle interprète tous les grands rôles du répertoire allemand, du *Chevalier à la rose*, qu'elle crée en 1927 à Paris à Elektra, ou de Kundry de *Parsifal* à Agathe du *Freischütz*. Malheureusement — inconscience ou conviction dévoyée —, elle accepte de chanter à Berlin et à Bayreuth en 1938, d'être l'Isolde de Bayreuth en 1939, y reçoit les hommages d'Hitler. De retour à Paris, elle «collabore» (sans d'ailleurs probablement y percevoir d'arrière-plan politique) en continuant de chanter à l'Opéra devant les parterres de dignitaires nazis, de boire du champagne avec eux, d'être une cantatrice sans souci dans un monde de tourmente. On ne lui pardonnera pas à la Libération : frappée d'indignité nationale, ses biens sont confisqués.

Germaine Lubin terminera sa vie blessée, aigrie, murée dans l'incompréhension de ce qui lui est arrivé et persécutée par un sentiment d'injustice éternel. Elle meurt en 1979 dans son appartement du quai Voltaire qui lui avait été restitué et où elle donnait des cours à de jeunes chanteurs fascinés par sa légende.

José de Trévi
(1890-1958)

*José de Trévi par Albert Ferrier; document
paru dans l'*Essor Français.

Il est né à Liège et s'il se destinait bien à la carrière
musicale, ce n'est pas le chant qui fut sa première
préoccupation — mais la flûte. Pourtant, poussé par
ses amis (dont la cantatrice Fanny Heldy) et ses
professeurs, il fit des études de chant et débuta à
Namur dans le rôle de Faust. Sa voix possède déjà un
timbre caractéristique mais relativement léger et bien
éloigné de l'ampleur qu'elle prendra par la suite; il
chante alors essentiellement de l'opéra-comique et de

l'opérette, de la *Dame Blanche* au *Postillon de Long-jumeau* en passant par *L'Amour tzigane*. Mais sa voix évolue et il aborde bientôt Werther, Des Grieux de *Manon*, Don José de *Carmen* et Mario de *Tosca*. Pourtant il n'a pas encore conquis son vrai répertoire, celui du moins qui fera sa gloire, le répertoire wagnérien. Sa rencontre avec Maître Pintorno au Conservatoire de Milan sera décisive: elle va lui permettre de libérer toutes les possibilités d'une voix aux couleurs cuivrées, au souffle puissant propre au *heldenténor* qu'il devient alors. Après ce travail de réélaboration vocale, après, également, un travail attentif à Bayreuth auprès de Siegfried Wagner, il revient à Paris où Jacques Rouché l'engage aussitôt. José de Trévi débute le 20 décembre 1930 en Siegfried aux côtés de Germaine Lubin avec un tel succès qu'il chantera désormais à l'Opéra et pendant seize ans consécutifs tous les grands rôles wagnériens, de Lohengrin à Tannhaüser et de Tristan à Parsifal, mais aussi Samson ou Hérode de *Salomé* (sous la direction de Strauss lui-même). Au bout de 35 ans de carrière où il a pu inscrire 332 ouvrages différents à son répertoire, et s'enorgueillir d'avoir chanté sous la direction des plus grands chefs, de Toscanini à Bruno Walter et de Furtwaengler à Munch, José de Trévi se retirera en ayant bien mérité de cette maison qu'il avait faite sienne autant qu'elle l'avait fait sien.

André Pernet
(1894-1966)

André Pernet dans Boris Godounov *de Moussorgsky.*

Né dans les Vosges, à Rambervilliers, André Pernet
ne peut d'emblée se consacrer au chant. Ses parents
sont en effet hostiles à une telle vocation et veulent
faire de lui un juriste. A partir de 17 ans, il mène ainsi
de front des études de droit et des études de chant,
les premières officiellement, les secondes clandesti-
nement. La guerre l'empêche de poursuivre l'une et
l'autre orientations, mais en 1919, la famille doit
s'avouer vaincue: c'est le théâtre qui est sa véritable
vocation. Il entre donc au Conservatoire et fait
bientôt ses débuts à l'Opéra de Nice, chante quelques
années dans les opéras de province avant de se

produire à Paris en Méphisto du *Faust* de Gounod en 1928. Sa belle voix de basse au timbre étonnamment prenant ainsi que la perfection de sa diction, l'intelligence de son chant et de son jeu conquièrent d'emblée le public, qui manifestera à André Pernet un attachement indéfectible · tout au long de sa carrière de l'Opéra. Une carrière marquée, après Méphisto, par tous les grands rôles de basse du répertoire, de Wotan à Boris et d'Athanaël au Roi d'*Aïda*. En 1933 il fait partie, aux côtés de Fanny Heldy, de la prestigieuse équipe qui réinscrit *Le Barbier de Séville* au répertoire du Palais Garnier : son Basile fait les gros titres ! En 1944 il est Don Juan sous la direction de Bruno Walter : éblouissement neuf lira-t-on dans la presse.

Tous ses succès ne l'empêchent pas de participer avec intérêt et humilité à nombre de créations contemporaines affichées avec plus ou moins de bonheur à l'Opéra ou à l'Opéra-Comique. Tout entier dévoué à la grande maison, il la quitte seulement pour quelques prestations à l'étranger. Il accepte également le rôle du Père de *Louise* aux côtés de Grace Moore et Georges Thill dans le film d'Abel Gance.

Aujourd'hui encore, il demeure pour les jeunes basses qui rêvent de l'Opéra de Paris un modèle parfait.

Georges Thill
(1897-1984)

Georges Thill en juin 1933.

Une extraordinaire et permanente popularité, un physique de jeune premier — qui l'amènera tout naturellement au cinéma —, une bonne humeur et une gentillesse rares, quelques passions de star — les belles voitures —, mais pas de caprices, une longévité étonnante — trente ans au premier plan —, une phonogénie exceptionnelle — plus de quatre-vingts disques, dont beaucoup demeurent des modèles aujourd'hui encore: Georges Thill a su être un des plus grands ténors de ce siècle et l'un des plus aimés sans se consumer, sans se dilapider. Ce faisant, il a su conserver l'admiration des spécialistes les plus exigeants en même temps que la ferveur du grand public.

Né à Paris le 14 décembre 1897 dans une famille d'amateurs d'opéra, il fait classiquement de bonnes études musicales au Conservatoire, sans éclat particulier, jusqu'à ce que son ami Mario Podesta, retour de Naples, lui vante l'enseignement de Fernando de Lucia. Georges Thill part aussitôt pour Milan et travaille deux ans avec de Lucia. Quand il revient, sa voix s'est ouverte, le timbre irradie, l'aigu est royal, la diction parfaite. Il auditionne à l'Opéra, est engagé sur-le-champ par Jacques Rouché et débute le 24 février 1924 dans *Thaïs*. Quelques mois plus tard, il fait un triomphe dans le Duc de *Rigoletto*. A partir de 1925, il collectionne les grands rôles, Faust, Radamès d'*Aïda*, Jean d'*Hérodiade* et puis Canio de *Paillasse*, Admète d'*Alceste*, Roméo, des Grieux de *Manon*, Lohengrin. En 1928, il chante Calaf pour la création de *Turandot* au Palais Garnier: la salle croule. Georges Thill est une star.

Appelé désormais sur les plus grandes scènes du monde, il revient pourtant sans cesse à l'Opéra de Paris, son port d'attache. Remonte-t-on *Guillaume Tell* ou *Les Huguenots*? Ce ne peut être qu'avec Thill. Donne-t-on *Tannhauser* ou *Les Troyens*, *Samson et Dalila* ou *Esclarmonde*? Il faut que Thill soit là. Crée-t-on à l'Opéra *La Traviata* ou *Marouf*? Avec qui d'autre pourrait-ce être qu'avec Thill? Les aigus enchanteurs, le grain de voix séducteur, la diction distinguée: Thill est le modèle absolu. Les disques qu'il a enregistrés, les films qu'il a tournés (dont le célèbre *Louise* réalisé par Abel Gance) en portent témoignage aujourd'hui encore.

Il meurt le 15 octobre 1984 dans sa propriété de Lorgues au moment où paraissent un coffret rééditant la collection complète de ses disques d'opéras français et un numéro spécial de *l'Avant-Scène Opéra* qui lui est entièrement consacré.

René Bianco
(1908)

Dès son plus jeune âge, à Constantine en Algérie, où il naît le 21 juin 1908, il hante les couloirs du Théâtre et réussit à se faire engager comme accessoiriste, figurant, choriste... Mais il faut former sa voix : Il entre donc au Conservatoire de Constantine, y glane tous les prix et débute à l'Opéra de Bône en Basilio du *Barbier de Séville*. On le retrouve bientôt sur toutes les scènes des opéras d'Afrique du Nord, d'Alger à Tunis, puis sur le territoire métropolitain, de Marseille à Avignon ou Lyon, jusqu'à ce que, après avoir bénéficié des conseils de son ami Georges Thill, il se fasse entendre à l'Opéra de Paris et soit engagé par Georges Hirsh.

Il débute à l'Opéra-Comique dans *Les Contes d'Hoffmann* le 2 mai 1948 et dès le lendemain à l'Opéra dans *Lohengrin*! Il demeurera durant vingt ans le premier baryton de la troupe de l'Opéra, défendant un répertoire étendu, de Verdi à Wagner, ou de Puccini à Saint-Saëns avec la même passion pour « sa » maison, l'Opéra de Paris, car il y a voué toute sa vie, négligeant le plus souvent de demander des permissions — à l'instar de ses confrères — pour aller parachever sa renommée sur les scènes internationales qui pourtant le réclamaient. Bien sûr, il sut de temps à autre transporter le prestige du chant français en province ou au Canada, en Italie, en Suisse ou en Espagne, mais c'est à l'Opéra qu'il a *voulu* essentiellement consacrer sa carrière, heureux d'y chanter, heureux d'y revenir. Il avait en effet noué avec « son » public une relation d'affectivité rare qui l'a fait demeurer vingt ans durant un des artistes chéris des lyricophiles français.

Serge Lifar
(1905-1986)

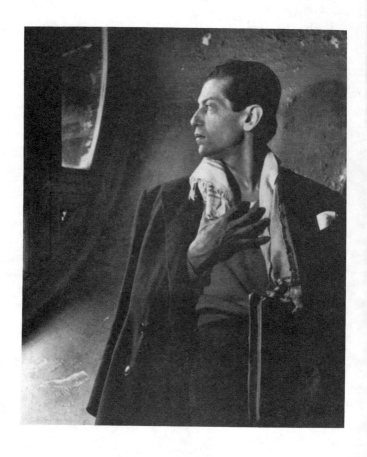

Né à Kiev dans une famille aisée, Serge Lifar fait de brillantes études au Collège Impérial et se destine à la carrière de pianiste. Blessé à la main durant la Révolution, il doit y renoncer. Puis, un jour de 1920, à 15 ans, il accompagne un ami au studio de Bronislava Nijinska, la sœur de Nijinsky... et il découvre la danse. D'emblée subjugué, il revient au studio : le spectateur devient acteur. En 1922, Mme Nijinska, qui a rejoint les Ballets Russes de Diaghilev à Monte-Carlo, le fait venir. On l'envoie quelques mois parfaire sa technique auprès du maître Enrico Ceccheti et, dès 1923, commence sa fabuleuse carrière, de danseur d'abord, puis six ans plus tard, de chorégraphe. A la mort de Diaghilev, la même année, Jacques Rouché l'invite à l'Opéra pour danser *Les Créatures de Prométhée* que doit monter Balanchine. Mais ce dernier tombe malade ; c'est Lifar qui règle le ballet, magnifiquement.

En 1930, il prend la direction du Ballet de l'Opéra de Paris : il y consacrera plus de trente ans de sa vie. Novateur, inventeur, provocateur parfois, réformateur *et* formateur, il va faire du Ballet de l'Opéra un foyer de création en même temps qu'une pépinière d'étoiles, tant féminines que masculines. Chorégraphe fécond (ou plutôt « choréauteur » ainsi qu'il se définit), il règle une centaine de ballets et de pas de deux pour la troupe de l'Opéra, créant un style néoclassique dont un Béjart ou un Roland Petit seront les continuateurs inspirés.

Malgré les avanies qu'il doit subir à la Libération, Serge Lifar reprend ses activités à la tête du Ballet et lui imprime une marque qui est assurément la plus profonde en même temps que la plus brillante qu'il ait connue. A tout jamais lié à son histoire, le nom de Lifar résonne toujours au cœur du Ballet de l'Opéra, comme celui d'une divinité tutélaire.

Janine Micheau
(1914-1976)

Janine Micheau en 1934.

Fille du Midi, elle naît à Toulouse où elle commence des études musicales qui la mènent bientôt à Paris. Ses dons lui valent d'être engagée à l'Opéra-Comique avant même l'obtention de son brillant premier Prix au Conservatoire. Elle débute ainsi à 19 ans en Chérubin et va tenir, pendant 25 ans, avec un brio qui la fait chérir du public, tous les plus beaux emplois de soprano lyrique : elle créera ainsi à Paris Zerbinette d'*Ariane à Naxos* aux côtés de l'Ariane de

Germaine Lubin, mais elle sera aussi une Manon ensorcelante, une Traviata émouvante, une Mireille poignante (pour ce rôle elle rétablira d'ailleurs la scène de la Crau, à ce point périlleuse que la créatrice du rôle, Mme Miolhan-Carvalho, l'avait fait supprimer). On l'applaudira encore en Gilda, en Leïla des *Pêcheurs de perles*, en Micaela et en Pamina, où son style mozartien très pur apparaîtra comme une résurgence.

Avec une voix au timbre scintillant et comme liquide, rayonnant d'une belle intériorité, servie par une technique éblouissante de sûreté, Janine Micheau saura donner à ses interprétations à la fois un lyrisme pur et une virtuosité éclatante. Mais au-delà de ses qualités vocales, elle y apportera cette classe, cette élégance qui représenteront à travers elle la griffe haute couture du chant français.

Ernest Blanc
(1923)

Tourneur sur métaux de l'Arsenal de Toulon,
Ernest Blanc se présente en 1946 à un des concours
de chant alors très en vogue dans le Midi de la France.
Le directeur du Conservatoire de Toulon qui siège
dans le jury le prend immédiatement en charge; il en
sort trois ans plus tard avec le prix d'excellence.
Aussitôt engagé à l'Opéra de Marseille, il y débute
dans *Paillasse* avec un succès que sa voix superbe et
sa prestance naturelle lui valent d'emblée. En 1954,

il débute à l'Opéra de Paris en Rigoletto: triomphe. Il va dès lors donner à chacun des rôles où il est distribué sur la scène du Palais Garnier — de Wolfram de *Tannhäuser* à Renato du *Bal Masqué* ou à Don Giovanni — un caractère, une noblesse qui leur confèrent une haute dimension. En 1958, il est invité à Bayreuth où il chante Telramund aux côtés de Leonie Rysanek et Astrid Varnay; il y retourne l'année suivante avec le même succès mais décline une troisième invitation: «Bayreuth vous mange la moitié de l'été.»

Pour Ernest Blanc la vie de famille, le repos et la réflexion comptent aussi dans l'équilibre nécessaire au bon accomplissement d'une carrière. Après s'en être éloigné quelque peu à la fin des années 60 pour aller chanter dans toutes les grandes capitales du monde, il revient à l'Opéra à la demande expresse de Rolf Liebermann qui lui fait chanter *Le Trouvère, Samson et Dalila, La Damnation de Faust, Le Château de Barbe-Bleue...*

En 1987, à 64 ans, il fait ses adieux par une série de *Manon* à l'Opéra de Nice; il quitte donc un métier qui l'a comblé de bonheur et dans lequel il a su, lui, l'ancien ouvrier devenu vedette, faire sien le proverbe provençal: «Sois plus humble que les humbles et plus grand que les grands!»

Albert Lance
(1925)

Albert Lance dans Norma *de Bellini.*

De son vrai nom Lancelot-Albert Ingrham («mais "un gramme", vu mon poids, cela donnait lieu à des plaisanteries douteuses...»), il a été un des ténors les plus populaires de l'Opéra. D'origine australienne, il commença, après des études au Conservatoire de Melbourne, par gagner sa vie en chantant dans les cafés-concerts et les boîtes de nuit, mais aussi en étant, à l'occasion, docker ou catcheur! Un jour, dans un concert de variétés, quelqu'un entend sa voix, en pressent les possibilités, le convainc d'auditionner à l'Opéra : un an plus tard, à 25 ans, il débute dans *Tosca*. Commence alors une série de tournées lyriques en Australie jusqu'à ce qu'une autre oreille l'écoute et le pousse à venir en Europe. Auditions, engagement immédiat. C'est encore avec *Tosca* qu'il fait ses débuts français, à l'Opéra-Comique. Il va partager dès lors son activité entre l'Opéra et l'Opéra-Comique, chantant tous les grands rôles de ténor du répertoire d'alors, de Faust à Roméo, d'Hoffmann au Duc de *Rigoletto*, de Ricardo du *Bal Masqué* à Don José pour lequel il est choisi aux côtés de Jane Rhodes à l'occasion de la création de *Carmen* à l'Opéra.

Sa popularité est immense chez les amateurs, sa stature prend une dimension internationale, surtout quand il interprète avec éclat le rôle de Mario avec deux Tosca d'envergure, Renata Tebaldi et... Maria Callas ! A peine quelques échappées de Londres à Vienne ou de Buenos Aires à Léningrad pour faire rayonner le prestige du chant français et Albert Lance revient toujours à son pays d'adoption qui, sur intervention personnelle du Général de Gaulle, lui accordera la nationalité française. Un malheureux différend avec la direction de l'Opéra le fera quitter en 1972 une maison qui lui doit beaucoup et où ses fervents admirateurs demeurent nombreux.

Rita Gorr
(1926)

Marguerite Geimaert est née à Gand et s'est révélée
à 20 ans au Concours de Verviers dont elle a
remporté le 1er Prix. Dès 1949 elle débutait sous le
nom de Rita Gorr à l'Opéra d'Anvers dans le rôle de
Frieka de *La Walkyrie* où sa superbe voix de mezzo
faisait d'emblée l'unanimité. La troupe de l'Opéra de
Strasbourg lui permet ensuite de s'aguerrir progres-
sivement et de conquérir un répertoire sans qu'il
l'étouffe trop vite: elle passe d'une Fille-fleur à

Mercédès ou de Geneviève à Carmen, Amnéris ou Orphée. En 1952, elle se produit pour la première fois à l'Opéra de Paris et va pendant de nombreuses années être la vedette du Palais Garnier et de l'Opéra-Comique, interprétant Dalila, Amnéris, Vénus, Charlotte, créant même en France la Mère Marie des *Dialogues des Carmélites* de Poulenc.

Mais Bayreuth l'appelle dès 1958, le Covent Garden de Londres en 1959, la Scala de Milan en 1960, le Met de New York en 1962...

Sans doute une des plus grandes voix de mezzo de son époque, Rita Gorr a toujours su lier à ses interprétations musiciennes une intensité dramatique qui l'a fait applaudir d'un public frissonnant à la sensualité de sa Dalila comme à la noirceur terrible de son Ortrude.

Suzanne Sarroca
(1927)

C'est en voyant le film de Sacha Guitry, *La Malibran* avec Géori Boué, qu'elle prit la décision de devenir chanteuse : *si non e vero*... Née à Carcassonne, elle entre à 19 ans au Conservatoire de Toulouse pour en sortir deux ans plus tard avec deux Premiers Prix... et un mari, son professeur de chant, Louis Nègre. Elle débute comme mezzo au Capitole de Toulouse avant d'être engagée à la Monnaie de Bruxelles ; puis, dès 1952, à l'Opéra de Paris où elle aborde *Tosca* puis *Les Indes Galantes*. Son physique splendide et sa voix large et magnifiquement timbrée lui assurent les faveurs du public.

Mais c'est son remplacement au pied levé de Renata Tebaldi en *Aïda* qui va faire d'elle une vedette de premier plan. Les rôles s'ajoutent aux rôles, de Senta du *Vaisseau Fantôme* à Marguerite de *La Damnation de Faust* aussi bien que de *Faust* de Gounod, de Donna Anna de *Don Giovanni* à Elisabeth de *Tannhäuser* ou à Octavian du *Chevalier à la rose* (avant, plus tard, la Maréchale). Les scènes internationales l'appellent sans relâche mais Suzanne Sarroca sait conserver des attaches privilégiées avec le Palais Garnier. Sous le mandat de Rolf Liebermann qui admire la femme autant que la chanteuse, elle interprète Elisabeth de Valois de *Don Carlo*, Musette de *La Bohème* ou Giulietta des *Contes d'Hoffmann*.

Sa haute silhouette, son port de reine, son sourire et la beauté de sa voix continuent de lui assurer des admirateurs nombreux : celle qu'on a comparée à la « Madame de » de Louise de Vilmorin — elle l'a d'ailleurs interprétée à l'Opéra de Monte-Carlo — accueille ces hommages avec la classe et le charme indéfectible qui sont sa signature.

Régine Crespin
(1927)

Elle est depuis quelque trente ans le symbole du chant français sur le plan international, à cause de cette voix large et chaude, au timbre d'airain, qui sait se couler dans les demi-teintes jusqu'au bord du secret, à cause aussi de cette intelligence vocale et dramatique, de ce talent de diseuse qui sait faire exister un texte *avec* la musique.

Née à Marseille d'une mère italienne et d'un père français, elle a passé son enfance à Nîmes; c'est là qu'elle se présente un jour, par défi, au concours de chant patronné par le journal *Opéra* en 1946. Elle y triomphe, entre au Conservatoire de Paris d'où elle sortira en 1950 avec trois premiers prix: chant, opéra et opéra-comique. Elle débute aussitôt à Mulhouse dans le rôle d'Elsa de *Lohengrin*, le même rôle qui marque son arrivée au Palais Garnier l'année suivante. Elle vient s'inscrire d'emblée dans la lignée des grandes wagnériennes dont la Maison se souviendra, de Rose Caron à Germaine Lubin en passant par Lucienne Bréval. Mais elle élargit très vite son répertoire et aborde à l'Opéra de Paris des rôles aussi différents que Sieglinde ou Elisabeth de *Tannhäuser*, Marguerite de *Faust*, Amélia du *Bal Masqué* ou Tosca.

Elle est appelée par Wieland Wagner à Bayreuth en 1958 : c'est le point de départ d'une carrière internationale qui va l'amener à porter le flambeau du chant français à travers le monde entier. L'Opéra de Paris la verra moins mais elle saura y revenir régulièrement, participer à quelques grandes reprises — jusqu'à ce que, en 1974, une cabale injuste lui laisse un goût amer. Elle ne reparaîtra plus sur la scène du Palais Garnier, mais elle demeure pourtant pour tous les amateurs la dernière Reine française à s'y être illustrée.

Appendice

De vocalises en pointes :
la Danse à l'Opéra de Paris

Il est entendu que c'est l'Opéra, comme bâtiment et comme genre, qui fait l'objet de ce volume (et de cette collection). Impossible néanmoins de ne pas évoquer la Danse, omniprésente à l'Opéra de Paris. Elle se manifeste d'abord à l'intérieur des œuvres lyriques puis gagne peu à peu son autonomie — jusqu'à motiver le choix aujourd'hui d'une séparation entre deux bâtiments, le Palais Garnier dévolu à partir de 1989 à la Danse et à l'Opéra Bastille où devrait se concentrer l'opéra.

Institué dès 1672 dans l'Académie Royale de Musique *et de Danse*, le ballet fait donc son apparition dans l'opéra français avec Lully. La première danseuse à remplacer les danseurs travestis obligatoires jusqu'alors s'appelle Mlle de la Fontaine : elle paraît dans *Le Triomphe de l'Amour* en 1681. Commence par là même toute une histoire qui va peu à peu voir les ballerines prendre le pas sur les danseurs, relégués le plus souvent au rôle de « porteur », avant que Vestris, dans la seconde moitié du XVIIIe siècle, ne leur redonne quelque importance dans la chorégraphie.

C'est essentiellement dans l'opéra-ballet qu'apparaissent d'abord les danseurs et les danseuses sur la scène de l'Opéra ; il faudra attendre la fin du XVIIIe siècle pour que le ballet-pantomime permette à la danse de s'épanouir en elle-même et que Noverre lui donne ses raisons théoriques. Le XIXe siècle est

Marie Taglioni dans la Sylphide.

bien évidemment le moment d'éclosion du ballet romantique : en 1832, *La Sylphide* en est le fleuron initial, interprété par Marie Taglioni. Elle y danse pour la première fois en chaussons de satin rose, montée sur pointes et inaugure également cette jupe vaporeuse en mousseline blanche qu'on appellera bientôt le « tutu ». Neuf ans plus tard, le ballet romantique est à son apothéose avec *Giselle*, sur un livret de Théophile Gautier et une musique d'Adolphe Adam. La jeune ballerine Carlotta Grisi le crée. *Giselle* sera d'emblée un fabuleux succès, avant de disparaître pendant un demi siècle et de réapparaître pour devenir le modèle du genre.

Giselle. *Acte II.*

Mais si le ballet commence à prendre son autonomie, il demeure pourtant au XIXe siècle l'accessoire
obligé de tout opéra et les compositeurs sont priés de
l'intégrer dans leurs compositions. Certains seront
même des succès à part entière, le ballet de *Faust* par
exemple (qui fait rêver les nostalgiques d'aujourd'hui
encore). Quand des compositeurs étrangers viennent
afficher leurs œuvres à l'Opéra de Paris, ils doivent
en passer par les fourches caudines du ballet : Verdi
bougonnera contre la Grande Boutique mais devra se
résoudre à écrire la partition d'un ballet pour *Aïda*
quand l'œuvre sera créée au Palais Garnier en 1880.

Le premier ballet composé pour le Palais Garnier et
qui y recueillera un immense succès est *Sylvia*, créé
le 14 juin 1876 avec l'étoile maison d'alors, Rita
Sangalli, et dans la chorégraphie du maître de ballet
Louis Mérante. Ce dernier va assurer sa fonction
jusqu'en 1887, le temps de monter quelques autres
ballets qui ne révolutionneront pas l'art chorégraphique et ne marqueront guère durablement les
mémoires des Ballettomanes, de *Yedda* d'Olivier
Métra à la *Korrigane* de Charles-Marie Widor ou aux
Deux Pigeons d'André Messager. Précisons d'ailleurs
qu'à l'époque, un ballet n'est jamais seul dans une
soirée mais toujours associé à une œuvre lyrique,
seule capable de noblesse...

En 1882, Lucien Petipa (le frère de Marius parti pour Saint-Pétersbourg faire découvrir les secrets de la danse aux Russes — qui donneront plus tard l'impression de les avoir inventés) signe la chorégraphie de *Namouna* sur une musique d'Édouard Lalo, presque considérée, à l'époque, comme une œuvre d'avant-garde.

Pourtant, jusqu'à la fin du siècle, le ballet ne brille guère, malgré quelques étoiles comme Léontine Beaugrand, Rita Sangalli ou Rosita Mauri, qui règnent sur un important bataillon féminin, les danseurs étant en large minorité.

La Danse ne fait pas alors partie des préoccupations des directeurs, le Ballet étant surtout considéré comme un réservoir de courtisanes. C'est d'ailleurs bien dans cet esprit qu'Olivier Halanzier, dès l'ouverture du Nouvel Opéra, institue cette faveur pour les « abonnés des trois jours » (c'est-à-dire les messieurs qui souscrivent un abonnement pour les trois jours de représentation hebdomadaire, lundi, mercredi et vendredi): l'accès au Foyer de la Danse. Aux entractes, ces messieurs en habit noir et gants blancs y viennent faire leur cour aux danseuses, s'enquérir des caprices de leurs « protégées », mendier le cadeau d'un soupir amoureux qui échangera contre un bijou de prix, un équipage ou un hôtel particulier; on y prend ses rendez-vous pour l'après-spectacle. Les danseuses, bien sûr, en profitent complètement: certaines finissent par y contracter de beaux mariages, les autres sauront se contenter de mille autres présents et les renouvelleront en changeant régulièrement de « protecteur ». L'Opéra ferme les yeux sur ces succédanés de l'art. Pedro Gailhard, directeur en cette fin de siècle, déclare même un jour cyniquement aux danseuses: « Je vous lance sur ma scène, débrouillez-vous avec le Foyer. »

Mais si certaines danseuses deviennent de vraies courtisanes (la plus célèbre étant, un peu plus tard, Cléo de Mérode), nombre d'entre elles essaient quand même de faire honneur à leur art. L'Espagnole Rosita Mauri en sera sans doute le meilleur exemple; sa technique éblouissante — acquise au prix d'un travail constant («Si je reste un jour sans travailler, je m'en aperçois; si c'est deux jours, on s'en aperçoit» disait-elle) —, alliée à une beauté d'odalisque brune feront d'elle une star qui saura susciter l'intérêt pour la Danse au-delà de l'intérêt des «abonnés» pour sa séduisante personne.

Le successeur de Merante comme Maître de Ballet est un Belge, Joseph Hansen: il restera vingt ans à ce poste sans qu'on s'en aperçoive. Sa seule innovation, dont la tradition se perpétue de nos jours encore est le défilé de tout le corps de Ballet qu'il inaugure en 1893 avec une nouvelle chorégraphie de *Faust*.

En revanche, le tournant du siècle est marqué par l'apparition, l'éclosion pourrait-on dire, d'une danseuse qui deviendra pour l'Opéra de Paris plus qu'une danseuse, une personnalité de la Danse: Carlotta Zambelli. Engagée par Pedro Gailhard lors d'un de ses passages dans la capitale lombarde, la jeune Milanaise débute en 1894, à 17 ans, sur la scène du palais Garnier dans le ballet de *Faust*. Elle sera très vite remarquée pour sa grâce autant que pour sa technique et se verra attribuer les premiers rôles que l'étoile maison Rosita Mauri abandonne peu à peu, gagnée par l'âge et... l'embonpoint. Quand l'Opéra de Saint-Pétersbourg invite Carlotta Zambelli et lui offre un engagement à demeure, elle refuse: elle aime profondément le Palais Garnier, jusqu'à lui sacrifier les diamants d'une destinée qui eut pu être plus éclatante. Elle y restera quelque soixante ans. Après une carrière de soliste très applaudie, la danseuse consacrera plus d'un quart de siècle à l'enseignement, prenant en main à l'Opéra la classe des grands sujets qu'elle conservera jusqu'en 1950. D'aucuns se souviennent encore aujourd'hui, de son éternelle robe noire, de sa tenue irréprochablement droite, de ce port aristocratique, de sa rigueur proverbiale: «Mademoiselle» était respectée parce qu'elle *savait*.

Au début du siècle, un premier séisme vient ébranler la routine du Ballet de l'Opéra: l'arrivée à Paris des fameux Ballets Russes de Serge de

Vaslav Nijinsky.

Diaghilev. Ils apparaissent pour la première fois en mai 1909 au Théâtre du Châtelet. Leur succès est si grand qu'André Messager parvient à les convaincre de venir donner deux galas, les 19 et 26 juin: la Pavlova, la Karsavina et l'étonnant Nijinski éblouissent les amateurs. Les Ballets Russes reviennent la saison suivante avec les *Danses polovtsiennes* de Borodine qui voient éclater la sauvagerie de Nijinski dans les rutilants décors de Bakst, avec *Shéhérazade*, et surtout avec *l'Oiseau de Feu* qui révèle et consacre d'un coup le jeune Stravinski: la chorégraphie de Fokine est admirable, Tamara Karsavina aussi acrobatique que charmeuse, le triomphe est retentissant.

En 1911, les Ballets Russes reviennent de nouveau avec, entre autres, ce *Spectre de la Rose* identifié depuis à Nijinski. Quelques mois avant que n'éclate

Michel Fokine et Tamara Karsavina dans
L'Oiseau de feu *de Stravinsky.*

la guerre au printemps 1914, on les verra encore à
l'Opéra de Paris avec plusieurs programmes dont, en
mai, la création de *Petrouchka* de Stravinski.

Le nouveau Maître de Ballet, Ivan Clustine, prend ses fonctions en 1912, fermement décidé à redonner quelque lustre à la Danse et à y faire souffler un vent de modernité. Il prétend d'abord abolir le tutu qu'il juge ridicule! On imagine le lever de boucliers: Clustine doit faire marche arrière et explique qu'il souhaite simplement s'élever contre l'exclusivité du tutu quel que soit le style de ballet. Par ailleurs, il donne aux danseurs masculins une importance qui leur était jusque-là niée, il accroît le nombre de ballets représentés chaque saison, il crée plusieurs ouvrages, il impose un couple de danseurs remarquables, Carlotta Zambelli et Albert Aveline. Ce dernier mènera d'ailleurs une carrière étrangement parallèle à celle de la grande danseuse, étant tout d'abord son partenaire attitré puis professeur comme elle, dévouant sa vie à cet Opéra de Paris qui était sa passion, et, partant à la retraite, comme elle, en 1950... avant de mourir, comme elle, en février 1968!

Pourtant le règne d'Ivan Clustine sera trop court pour accomplir une révolution: l'arrivée d'un nouveau directeur en la personne de Jacques Rouché entraînera celle d'un Maître de Ballet, l'insipide Léo Staats.

La fin de la guerre voit le retour à Paris des Ballets Russes avec, entre autres, en 1920, le coup d'éclat du

Décor de Pablo Picasso pour Le Tricorne.

Tricorne sur la musique de Da Falla, dans la chorégraphie de Léonide Massine et les décors brûlants de Picasso. Cette même saison, les Ballets Russes présentent aussi deux œuvres de Stravinski, *Pulcinella*, également décoré par Picasso et *Le Chant du Rossignol*, dans un décor de Matisse. En 1922, les Ballets Russes mettent encore Stravinski à l'affiche avec *Petrouchka*, *Marva* et *Renard* (à la première de laquelle assistent Proust et Joyce). Et puis en 1927, Serge de Diaghilev présente un nouveau ballet, *Pas d'acier*, sur une musique de Prokofiev où est révélé un jeune danseur encore totalement inconnu: Serge Lifar.

Cependant l'éclat des spectacles des Ballets Russes ne produit pas l'effet qu'on aurait pu escompter: ils demeurent une parenthèse, fascinante, certes, pour les abonnés, mais ne modifiant en rien leurs habitudes. Le style chorégraphique maison n'évolue pas davantage. L'Opéra de Paris reste un refuge parfaitement réactionnaire pour la Danse et ce n'est pas l'invitation passagère de telle étoile des Ballets Russes qui y change quoi que ce soit. Le Ballet de l'Opéra de Paris somnole dans la routine.

1929 va marquer un tournant: le 19 août, Diaghilev meurt. Il lègue en héritage au monde de la Danse le souvenir de ballets splendides, d'une innovation toujours renouvelée, et il offre surtout au futur un danseur de 24 ans, Serge Lifar.

Jacques Rouché comprend très vite le potentiel créatif de Lifar: il lui propose, dès la mort de Diaghilev, non seulement de danser mais de chorégraphier un ballet pour l'Opéra sur le *Prométhée* de Beethoven. Après s'être fait un peu prier, Lifar se lance dans l'aventure. Les répétitions vont être houleuses: trois chefs d'orchestre refusent d'être associés à ce spectacle et déclarent successivement forfait, les danseurs regimbent, le Maître de Ballet en titre, Léo Staats, est épouvanté par cette « horreur ».

Pourtant, le 31 décembre 1929, le Première est triomphale. Toute la colonie russe de Paris est là pour soutenir son champion. Ovations. Lifar, dans ses *Mémoires*, racontera, avec toute lá «simplicité» qui le caractérise: «La victoire est totale. Ma loge est pleine. Très ému, Jacques Rouché me donne l'accolade: "Lifar, je vous confie le destin du ballet national et de la danse à l'Opéra. C'est désormais votre maison, restez!"»

L'arrivée de Lifar va marquer une véritable révolution. Il décide tout d'abord de faire éteindre le lustre pendant les représentations afin de concentrer véritablement l'attention sur la scène et non plus sur ce grand salon mondain qu'est devenu l'Opéra de

Serge Lifar.

Paris. Ensuite il exige des danseurs un maquillage uniforme en rapport avec l'intrigue, fait raser les moustaches des hommes, commande de vraies perruques, interdit le port de bijoux personnels durant les spectacles et impose la danse sur pointes. Enfin pour accentuer son indépendance et son autorité sur la maison, il envoie les élèves les plus douées prendre des cours chez d'anciennes danseuses russes, les soustrayant à l'influence de Carlotta Zambelli qui, on s'en doute, voit d'un fort mauvais œil cette tornade venir bousculer la tradition qu'elle incarne.

Mais le coup de force le plus retentissant est la fermeture du Foyer de la Danse aux abonnés, que Lifar obtient cinq ans après son installation à l'Opéra. Les ballerines cessent ainsi d'être exposées aux regards libidineux des abonnés comme un étalage de chair fraîche à consommer — ce qui, restons lucides, ne signifie pas qu'elles abandonnent aussitôt la coutume des « protecteurs » et l'habitude des amants rémunérateurs. En effet, quelques années plus tard, l'une des plus grandes danseuses de l'Opéra, Suzanne Lorcia, lancera à une habilleuse l'avisant d'un tutu un peu court : « T'inquiète pas, mon cul c'est ma banque. » En tout cas cette décision est ressentie comme une agression par les abonnés et, avec le recul, comme une renaissance par les véritables ballettomanes : celle de la Danse.

Lifar, avec ce narcissisme qui le caractérisera toute sa vie, veille à être toujours au premier plan et se distribue bien entendu tous les premiers rôles d'homme dans les chorégraphies nouvelles créées par lui. Mais en même temps, il redonne ses véritables lettres de noblesse à la Danse qui devient bientôt le vrai pôle d'attraction de l'Académie nationale dont le versant lyrique est un peu anémié.

Car aussi bien dans ses créations que dans ses reprises d'œuvres classiques, celui qui se baptise en toute humilité « choréauteur » fait incontestablement des merveilles : que ce soit son *Bacchus et Ariane* dans des décors de De Chirico, à la modernité chorégraphique renversante, ou *Giselle* à laquelle il confère

Serge Lifar dans Sylvia *en 1941.*

une sorte de fébrilité romantique bouleversante (sa partenaire y sera la·sublime Olga Spessivtzeva, consumée d'amour pour lui; accablée par son indifférence, elle finira par se jeter par la fenêtre au milieu d'une répétition), tout ce que touche Lifar brille d'un éclat neuf. Sa domination sur le ballet est totale, son emprise sur le public augmente de plus en plus; il théorise ses conceptions dans *Le Manifeste du Chorégraphe*, il travaille avec passion, frénésie même, il se délecte des hommages qu'il reçoit à l'Opéra particulièrement, aussi bien de Jacques Rouché — il le vénère — que des petits rats — elles ne rêvent que de lui! Ses partenaires féminines l'adorent, et lui s'adore, se met en scène, s'écoute avec plaisir répondre aux interviews. Mais au bout du compte, Lifar fait du Palais Garnier la grande scène créative de la Danse : nul n'aura plus marqué cette maison et son nom aujourd'hui encore possède quelque chose de magique pour tout danseur de l'Opéra de Paris.

Il n'est pas question de détailler tous les ballets créés par Lifar durant son règne. D'*Icare* ou de *David Triomphant* au *Cantique des Cantiques* ou à *Suite en Blanc* en passant par *Le Chevalier et la Damoiselle* ou *Les Animaux modèles*, ils ont été peu à peu l'affirmation d'un style chorégraphique néo-classique qui est devenu *le* style de l'Opéra de Paris.

Et puis la guerre est arrivée. Il y a eu cette fameuse visite matinale du palais Garnier par Hitler que, pour le calomnier, on a attribuée longtemps à une prétendue sollicitude du danseur-chorégraphe pour le dictateur. Il y a eu surtout la poursuite de l'activité artistique de Lifar durant ces années sombres, la poursuite de son activité mondaine aussi, toutes choses qui lui seront comptées au moment de la Libération : le Comité d'épuration lui dresse un procès en règle, dans le Grand Foyer de l'Opéra. Pendant cinq semaines, les machinistes ou habilleuses qui ont accumulé de l'aigreur voire de la haine contre la superbe du beau Serge vont pouvoir déverser leur bile. En revanche ses danseurs accourent pour le défendre; Yvette Chauviré se présente même à la barre en tenue de danse. Rien n'y fait : la sentence était préalable au procès même. Serge Lifar est banni à vie de l'Opéra; ses chorégraphies sont interdites. Le corps de ballet est assommé. « Ses » étoiles, les Suzanne Lorcia ou Yvette Chauviré, les Lycette Darsonval ou Solange Schwarz sont effondrées. Heureusement les passions s'apaiseront et quelques mois après, la sentence sera commuée en une éviction d'un an seulement.

Yvette Chauviré dans Giselle.

En septembre 1947, Serge Lifar fait sa rentrée dans la Grande Maison, à la demande réitérée auprès du nouveau directeur, Georges Hirsch, de tout le corps de ballet. La vie de la danse reprend dans cette ruche magique — d'autant que la concurrence se lève avec les Ballets des Champs-Élysées qui font courir les snobs de l'époque, entraînés par Marie-Laure de Noailles, en ce Théâtre des Champs-Élysées devenu le temple de la modernité chorégraphique. Pour y riposter est fondé le Cercle Carpeaux qui veut redonner de l'éclat aux soirées de danse de l'Opéra, en faire à nouveau des événements à la mode. Galas, réceptions au Foyer, les recettes sont toujours les mêmes ; elles sont efficaces. Le parterre redevient bruissant d'intérêt.

Au printemps 1947, Georges-François Hirsch avait eu l'idée heureuse d'inviter Georges Balanchine pour venir régler quatre de ses créations les plus brillantes : *Sérénade, Apollo Musagète, Le Baiser de la Fée* et *Le Palais de Cristal*. Ce fut un vent de fraîcheur et de renouveau sur le ballet.

C'est pourtant incontestablement le retour de Lifar qui redonne à la Maison sa vraie dimension. Celui-ci n'a pas été inactif durant son exil : retiré à Monte-Carlo, il a créé des ballets nouveaux, avec des danseurs tout à sa dévotion qui l'auraient suivi au bout du monde. Certains ont même quitté l'Opéra pour continuer à travailler avec lui — d'Yvette Chauviré à Janine Charrat ou de Renée Jeanmaire (qui deviendra Zizi...) à Alexandre Kalioujny.

Dès son arrivée — saluée par une grève des machinistes hostiles à ce retour —, on s'affaire dans les rotondes et les studios. Et le 15 décembre 1947, la création de *Mirages* dans le décor de Cassandre et avec, bien sûr, Yvette Chauviré en tête de distribution (revenue à l'Opéra dans les bagages de Lifar) est un triomphe. La machine Lifar s'est remise en

George Balanchine, Alexandre Kalioujny,
Lycette Darsonval, Max Bozzoni.

marche : on répète, on reprend, on crée, on travaille, on affine, on invente, les anciens ballets croisent les nouveaux.

Il ne manque plus à Lifar que l'autorisation de remonter lui-même sur les planches, c'est chose faite début 1949 ; le 2 février il participe au défilé du corps de ballet. Il raconte ce moment dans ses *Mémoires*, toujours avec la « modestie » qui caractérise son style : « Au Foyer de la Danse, je m'approche de la porte de la caverne, j'entends des milliers de voix qui hurlent, qui m'appellent en criant mon nom. Je me présente enfin tout en blanc, Étoile et Maître de Ballet... Public et artistes, debout, saluent sans fin. J'aurais pu mourir à cet instant. »

Heureusement, il ne va pas mourir mais seulement accumuler les créations : de *Blanche-Neige* au *Chevalier errant* en passant par *Cinéma*, révéler quelques solistes nouvelles, de Claude Bessy à Nina Vyroubova ou Tamara Toumanova (qui exalte la *Phèdre* montée en juin 1950 par Lifar), en passant par Liane Daydé ainsi que Michel Renault, Max Bozzoni et plus tard Peter Van Dijk. Pourtant l'exaltation des débuts est passée, le style Lifar est presque devenu un académisme. Balanchine, de l'autre côté de l'Atlantique, accroche mieux à la modernité : une tournée du New York City Ballet en octobre 1956 le confirme. La danse moderne commence à se révéler, on découvre Jerome Robbins ; Roland Petit et Maurice Béjart ouvrent de nouveaux espaces. L'étoile de Lifar pâlit. Il danse une dernière fois *Giselle* le 5 décembre 1956 : ce sont ses adieux. Le Ballet est orphelin.

Ce ne sont ni un George Skibine ni un Michel Descombey qui vont le dynamiser. La direction de l'Opéra essaiera bien de s'attacher Roland Petit ou Maurice Béjart. On y créera leurs œuvres, ils viendront y travailler — mais rien de plus. En 1965, la création du *Sacre du Printemps* dans la chorégraphie de Maurice Béjart et celle de *Notre-Dame de Paris* dans la chorégraphie de Roland Petit font sensation. Y apparaît une nouvelle vague de danseurs, Jacqueline Rayet, Claire Motte, Cyril Atanassoff. Mais les

Le Sacre du printemps *par Maurice Béjart.*

deux créateurs ne se laisseront pas séduire par les sirènes du Palais National. Claude Bessy puis Raymond Franchetti se succèdent à leurs places à la tête du Ballet : l'éclat est moindre.

Quand il arrive à l'Opéra, Rolf Liebermann — dont la danse n'est pas la préoccupation première — décide de ne pas remettre de sort du Ballet entre les mains d'un seul chorégraphe-Maître de Ballet puisque aucune personnalité de l'envergure d'un Lifar n'est disponible. Plus fondamentalement, la municipalité des interventions de chorégraphes extérieurs permettra d'offrir au public une vision pluraliste des styles à travers lesquels la Danse s'exprime à travers le monde.

On verra ainsi nombre de chorégraphes de Balanchine, un ami de Liebermann, de Jerome Robbins aussi, de Béjart, dont sa fameuse troisième version du *Boléro* — un homme cerné d'hommes — et de Roland Petit bien sûr (dont l'ultime création de l'ère Liebermann, *Le Fantôme de l'Opéra*, sur une musique de Marcel Landowski), mais aussi d'une nouvelle école dont le grand représentant est Merce Cunningham. Dès novembre 1973, il crée à l'Opéra *Un jour ou deux*

Le Fantôme de l'Opéra *avec Peter Schaufuss,
Patrick Dupond et Dominique Khalfouni.*

sur une musique de John Cage. Un vent nouveau
souffle sur le Ballet. En même temps, Pierre Lacotte
remonte *Coppelia* dans une reconstitution des décors
de la création de 1870, comme il l'a fait l'année
précédente avec *La Sylphide*. En 1973 encore le
Ballet donne de grands spectacles colorés dans la
Cour Carrée du Louvre devant de vastes publics : *Le
Lac des Cygnes* en est un exemple. Puis en 1975 *La
Belle au Bois dormant* dans la nouvelle version
présentée la saison d'avant par l'étoile cubaine Alicia
Alonso, qui, dès 1972, avait remonté la toujours
populaire *Giselle*.

Raymond Franchetti continue d'assurer la direction de la Danse jusqu'à ce que Violette Verdy, une
ancienne étoile de Balanchine, lui succède en 1977.

Mais l'événement majeur du règne de Liebermann
dans le domaine de la danse reste l'engagement de

Coppelia.

Carolyn Carlson, une jeune danseuse américaine d'origine scandinave, longue silhouette blonde et souple qui fascine le public par un langage neuf, issu de l'avant-garde américaine, celle d'Alwin Nikolaïs essentiellement. Si une partie du public l'acclame, envoûtée, une autre la conteste violemment ; le Ballet surtout, dans son ensemble, la rejette. Comme elle ne fait rien pour s'intégrer, sa présence demeurera marginale, cohabitation imposée par l'Administrateur mais mal vécue par un corps de ballet qui la ressent comme un caprice. Sa nomination le 2 avril 1974 comme «étoile-chorégraphe» — un titre que Rolf Liebermann invente pour elle — ne calmera pas les esprits! Avec son G.R.T.O.P. (Groupe de Recherches théâtrales de l'Opéra de Paris), Carolyn Carlson créera quelques chorégraphies magnifiques, sur des musiques de John Surman, Barre Philips ou Georges Wakhevitch, inventant un univers onirique et poétique qui amènera à l'Opéra des spectateurs parfaitement hermétiques au ballet classique. Mais l'absence à peu près totale de communication entre le G.R.T.O.P. et le Ballet de l'Opéra cantonnera Carolyn Carlson dans un rôle de belle fleur à part, sans lui permettre d'être l'exemple d'une politique en faveur du Ballet. Elle quittera d'ailleurs l'Opéra en 1980 en même temps que Rolf Liebermann, dont elle apparaît en quelque sorte comme la «créature».

A défaut d'avoir donné à la Danse l'éclat qu'il a conféré à l'Art lyrique, Rolf Liebermann, assisté très largement en cela par Hugues Gall, a contribué à assurer au Ballet cette très haute réputation internationale qu'il conserve aujourd'hui encore, faisant éclore quelques étoiles magnifiques, de Noëlla Pontois à Dominique Khalfouni, de Ghislaine Thesmar à Claude de Vulpian, de Wilfride Piollet à Florence Clerc et chez les hommes de Michaël Denard à Charles Jude, ou de Jean Guizerix à, bien sûr, Patrick Dupond.

Le nouvel Administrateur, Bernard Lefort, dans sa volonté de se différencier de son prédécesseur, annonce, dès son arrivée en 1983, sa décision d'accorder une importance toute particulière au Ballet. Il le marque symboliquement en ouvrant sa première saison chorégraphique par un *Hommage au Ballet de l'Opéra*; celui-ci réunit un patchwork de chorégraphies très représentatives du grand style classique que cette Maison sait et doit défendre. Avec en prime le défilé du corps de Ballet qui recueille toujours tous les suffrages.

Suivent un coup de modernité avec *Schéma*, une création d'Alwin Nikolaïs, une grande cavalerie spectaculaire avec le *Don Quichotte* de Minkus dans une chorégraphie de Rudolf Noureev et une redécouverte, *La Fille mal gardée* dans une chorégraphie hélas bien plate et sucrée d'Heinz Spoerli: ce n'est pas la révolution, c'est une continuité de bon aloi. Continuité bien marquée même par la création d'un nouveau groupe d'avant-garde lié à l'Opéra et destiné à succéder au G.R.T.O.P. de Carolyn Carlson: ce sera le G.R.C.O.P. (Groupe de Recherches chorégraphiques de l'Opéra de Paris) dont les destinées seront confiées à Jacques Garnier.

La seconde saison Lefort voit encore nombre de reprises, l'installation au Palais des Congrès d'une série de grands spectacles populaires (*Giselle, La Belle au Bois dormant*) qui remplace la Cour du Louvre sans être soumise aux aléas de la météorologie, et surtout une superbe création, celle du *Songe*

Le Songe d'une nuit d'été *avec Jean-Yves Lormeau et Noëlla Pontois, en novembre 1982.*

d'une Nuit d'été sur une musique de Mendelssohn revue et corrigée par Ligeti, dans une chorégraphie éblouissante d'invention et de poésie signée d'un jeune chorégraphe dont on parlera de plus en plus : John Neumeier.

Administrateur de la Danse pendant la direction de Bernard Lefort, Georges-François Hirsch le demeure au sein de la Collégiale, tandis que Rosella Hightower est la Directrice du Ballet. Ils seront réunis dans le *Casse-Noisette* que l'Opéra monte pour les fêtes de fin d'année 1982, Hightower assurant la chorégraphie, Hirsch la mise en scène. Le spectacle est très réussi en ce qu'il atteint son but : éblouir les yeux des enfants, les faire rêver. Des soirées de ballets contemporains (dont une belle création d'Andy DeGroat, *Nouvelle Lune*), un hommage à Balanchine et la création du *Roméo et Juliette* de Prokofiev dans la chorégraphie très néo-classique de John Cranko remplissent cette saison qui prélude à l'installation à la tête du Ballet d'une personnalité dont l'arrivée fait grand bruit puisqu'il s'agit de Rudolf Noureev. Le grand artiste a demandé que Thierry Fouquet soit nommé Administrateur de la Danse.

Patrick Dupond dans Roméo et Juliette *de Cranko.*

Un vent nouveau souffle sur le Ballet : il y soufflera parfois très fort, jusqu'à démâter le navire, mais ces tempêtes même finiront par s'apaiser devant le réel impact de Noureev sur le Ballet. La nécessité d'un tel impact reste discutable... Car si l'aura médiatique de Noureev est incontestable, si sa profonde passion de la Danse est indéniable, s'il fait de réels efforts pour montrer une certaine ouverture à des chorégraphes profondément différents de lui, il n'en demeure pas moins qu'on donne *successivement* à l'Opéra *Raymonda*, chorégraphie Noureev, *Don Quichotte*, chorégraphie Noureev, *La Bayadère*, chorégraphie Noureev, *La Tempête*, chorégraphie Noureev !... Les ballets contemporains, G.R.C.O.P., Cunningham, Armitage ou DeGroat sont relégués à l'Opéra-Comique et *Coppelia*, que remonte en version originale Pierre Lacotte, au Théâtre des Champs-Élysées.

Raymonda avec Noëlla Pontois et Rudolf Noureev, en janvier-février 1984.

De surcroît, Noureev se distribue avantageusement dans tous les ballets qu'il monte : plus que la passion, c'est la rage de danser qui le pousse (« Si je ne danse plus, je meurs », dit-il en confidence). Mais l'âge est venu, le danseur étincelant a laissé la place à un excellent technicien auquel il manque le ressort : au mieux, il apparaît comme un souvenir, au pis comme un cabot. Alors qu'il pourrait recueillir quelques succès en tant que chorégraphe, son obstination à danser au détriment des jeunes étoiles réclamées par le public — de Patrick Dupond à Eric Vu-An — va lui attirer les foudres d'une grande partie de la critique ainsi que de nombreux ballettomanes. Malheureusement pour lui et pour le Ballet, le grand public, vivant sur le mythe et sa réputation, tout comme sa cour, toute à sa dévotion, le persuadent par leurs acclamations qu'il demeure le plus grand. Chaque prestation du danseur qui s'élève avec peine est un peu plus douloureuse pour ceux dont la mémoire garde le souvenir de ses années éblouissantes.

Même si cette fin de règne d'une grande star est attristante à titre personnel, on ne saurait nier l'importance de la venue de Noureev à l'Opéra. Tout d'abord, par son seul nom, il a braqué l'attention sur le Ballet; il a favorisé les tournées à l'étranger dont il était, c'est incontestable, la «locomotive»; il a par ailleurs multiplié les invitations de chorégraphes les plus divers, de Béjart à Lucinda Childs en passant par Forsythe ou Bagouet; enfin — et surtout — il a donné au Ballet ce goût de se dépasser jusqu'à l'extrême, cette passion folle dont il est l'exemple, fût-ce l'exemple crucifié. Ce mariage n'a pas été facile et les relations se sont souvent révélées extraordinairement tendues entre les danseurs et ce tsar ombrageux, capricieux, inconstant. Mais, en fin de compte, la présence à l'Opéra d'une personnalité aussi forte, douée de cette expérience unique, de cette aura contagieuse, a été, jusque dans ses contradictions, dans ses échecs même, le plus sûr garant de l'unité d'un Ballet devenu, de l'avis unanime, un des meilleurs sinon le meilleur du monde.

C'est avec Rudolf Noureev à sa tête que le Ballet va déployer une série de spectacles aux succès variables, avec quelques créations, quelques entrées au répertoire importantes — comme le *Roméo et Juliette* de Prokofiev, chorégraphié par Noureev —, quelques nouvelles présentations — *Le Lac des Cygnes* par Noureev bien sûr —, bon nombre de reprises de Lifar ou Fokine à Balanchine, pour conserver aussi son rôle de mémoire au Ballet de l'Opéra. On voit apparaître des chorégraphes inédits au Palais Garnier, von Dantzig, Forsythe ou Francine Lancelot qui y introduit le renouveau baroque. Le G.R.C.O.P., sous la férule de Jacques Garnier, acquiert une réelle notoriété, non seulement devant le public parisien mais également en province et à l'étranger où il tourne beaucoup. Il révèle de nombreux jeunes créateurs et, mieux intégré au Ballet que ne l'était le G.R.T.O.P. marginalisé de Carolyn Carlson, il contribue au renouvellement de l'esprit de ce corps mouvant, frémissant.

Plusieurs étoiles écloront aussi pendant ces années: on a déjà parlé de Patrick Dupond, qui, malheureusement, se sentant trop à l'étroit, un peu bridé dans ses élans à l'intérieur de l'Opéra, s'en éloignera peu à peu jusqu'à le quitter complètement. Mais l'on en découvrira d'autres, de Jean-Yves Lormeau à Eric Vu-An ou de Wilfrid Ranolli à Manuel Legris. Chez les femmes, après Claude de Vulpian, Élisabeth Platel ou Florence Clerc qui prennent la succession des Noëlla Pontois ou autres Ghislaine Thesmar, une superstar va naître à partir de 1985: Sylvie Guillem. Beauté plastique idéale, technique irréprochable, fluidité, flexibilité et intelligence du mouvement, et par-dessus tout cette magie de la présence qui ne s'apprend pas: quand la Guillem

Arepo *de Béjart avec Sylvie Guillem et Manuel Legris.*

311

paraît, qu'elle danse, qu'elle marche, qu'elle soit immobile même, on ne voit qu'elle. Fascinante et secrète, sorte de Garbo de la danse, elle envoûte le public qui l'adule.

Elle aurait pu être l'avenir de ce Ballet qui, avec la nouvelle organisation de l'Opéra de Paris, à la suite de l'ouverture de l'Opéra Bastille, va tout entier investir ce Palais Garnier devenu Palais de la Danse. Hélas, dans le marasme ambiant, elle préfère en février 1989 quitter l'Opéra de Paris pour le Royal Ballet de Londres... Pourtant, le Ballet est au sommet artistiquement parlant; le monde entier le réclame. Est-ce donc un clin d'œil symbolique qu'a choisi de faire Rudolf Noureev en terminant en avril 1989 cette ultime saison chorégraphique au Palais Garnier ancienne formule avec *La Belle au Bois dormant...* avant son départ pour les États-Unis?

Table